JN020905

フランス語
話すための
基本パターン
86

Une conversation joyeuse en français
vous invite au bonheur

Izumi Yoshida

吉田 泉 著

無料音声
ダウンロード付

はじめに

人間において最高に優れたものは無形です。私たちはそれに高貴な装いを与えなければなりません。高貴ならざる形からそれを守らねばなりません。

—— ドイツの詩人ゲーテ

2019年に引き続き今年もまたフランス語会話の書物を上梓できたことを心より嬉しく思っています。

ただ残念ながら、この2回の出版のあいだに社会で起こり、未だに持続している現象について述べずに筆を進めることは不自然なくらいに、コロナ禍はなかなか収束に近づかないまま、私たちの意識の中にとどまっています。

フランスのノーベル賞作家のアルベール・カミュ（1913 － 1960年）は、今回のコロナを先取りするかのように小説『ペスト』（1947年）において、疫病の蔓延するアルジェリアのある都市のロックダウンをフィクションとして描いています。カミュはペストゆえに都市封鎖された市民たちの状況は、外部から隔離され、いわば流刑にされた人々の姿であり、それは伝染病のあるなしにかかわらず、もしかしたら私たち現代人すべてのありようではないかと問いかけています。しかしカミュはそれだからといって全くペストを否定し去っているわけではありません。「ペストを解釈しようとするな。そこから学ぶべきものを学べ」という力強い勇気にみちたメッセージを発信しています。

私は市民の連帯と団結を歌い上げるカミュの作品に大きな勇気を与えられます。私たち人間の尊厳を保ち続けようとする努力は、いかなる状況にあっても必ずどこかで誰かが引き継いでいることにも感銘を受けます。冒頭のゲーテの言葉もまた、災いを前にしたとき動揺し、ややもすれば尊厳を失いかねない人間への警鐘であり励ましでもあると取れます。私たちはこのような時代にあっても、あるいはこのような時代だからこそ、私たちには必ず希望や夢があるということを忘れてはならないのでしょう。

私は以前からぜひこのタイプの構文集を書いてみたいと考えていました。約20年間の、学生を引率した私のフランス研修時の経験が基になっています。むしろ、私はこの20回の研修旅行のあいだ、だいたいこの本の中に書かれている以外のフランス語を使っていません。そういうふうに自分のこれまでの体験を思い出しつつ書きました。この86の構文が自在に使えれば不自由はない、という信念がどこか奥にはあります（余談ですが、やはり外国語は現地での何らかのトラブルに遭遇すると、いっそう力が付くように思います。そんなときも、この本以上のフランス語は使っていないでしょう）。

　前著と同じく、Nathalie Lo bue さんによる素晴らしい音源がついていますから、美しい音のシャワーを寸暇を惜しんで浴びてください。本書には各構文の表題となるタイトル文が全部で86、それぞれに10題ずつ基本例文がついて860、合わせて946の文章があります（他にも発展例文も若干あります）。すべてのフランス語の文章をよく発音して、よく書いてみて、また暗記されることをぜひお勧めします。これを頭の中でフランス語と日本語が混然一体となるまでやってください。あなたの会話力向上にきっと大いに貢献するでしょう。

　文法の説明は繰り返しが見られますが、自然に身につけていただけたら、という考えからです。

　この拙著であなたが習得されたフランス語はいつ役に立つのかはわかりません。しかしそれは必ずあなたの役に立つ日が来ます。その日までは、楽しいこと、嬉しいこと、美しいことを心に大きくイメージしながら、ひょっとしたらこの本がお伝えできるかもしれない想像の世界（それはあなたご自身が創る想像の世界でもあります）に遊び、学んでいただきたいという思いで、これを書きました。あなたの生活の中のささやかな安らぎになれることを祈っています。

吉田　泉

もくじ

第 1 章　動詞を中心に

第 4 章　Il (非人称) (It) を中心に

第5章　助動詞的な働きの語を中心に

第6章　疑問詞を中心に

音声について

　本書に収録してあります［基本例文］［発展例文］、巻末の［動詞の活用］の音声をダウンロードして聴くことができます。音声は3ファイルあります。

1. ［基本例文］［発展例文］のフランス語のみ
2. ［基本例文］［発展例文］のフランス語－日本語訳
3. 動詞の活用（フランス語のみ）

本文に表示してある *001* がトラック番号です。

［音声ダウンロードサービス］

　音声のダウンロードについては、ベレ出版ホームページ（beret.co.jp）の『フランス語 話すための基本パターン86』詳細ページ（ベレ出版ホームページ内で検索もしくはberet.co.jp/books/detail/767）に解説してあります。

ベレ出版音声ダウンロード／audiobook.jp（無料アプリ）共通

　　ダウンロード（シリアル）コード　v6gJmnw4

音声の権利・利用については、小社ホームページにてご確認ください。

第1章
動詞を中心に

パターン 01 Voici〜.
「ここに〜があります」「これが〜です」

Voici ma carte de visite.
これが私の名刺です。

英 *Here is my visiting card.*

ma「私の」carte de visite「名刺」

● 基本例文

001

① **Voici un reçu.**
こちらが領収書です。

② **Voici une porte.**
ここにドアがありますよ。

③ **Voici le livre.**
その本はここです。

④ **Voici mon mari.**
これが私の夫です。

⑤ **Voici ma femme.**
これが私の妻です。

⑥ **Voici la pluie.**
雨になったね。

⑦ **Voici le printemps.**
春が来たね。

⑧ **Voici Noël.**
いよいよクリスマスだね。

⑨ **Voici mes opinions.**
以下が私の意見です。

⑩ **Voici ma mère, et voilà mon père.**
これが私の母で、向こうが私の父です。

●─ 基本例文の用法

Voici はちょっと変わった言葉で、英語でいえば *Here is(are)* を一語で表現しています。

つまり、副詞＋動詞（be 動詞）を一語で表しています。

原則的には、Voici は近くの人や物を導きますが、会話では多くの場合、次の（パターン 2）の Voilà で代用します。

---

① Voici un reçu.

Voici un ＋（男性単数名詞）の形です。

un は不定冠詞で「一つの」という意味です。男性単数名詞に付きます。

---

② Voici une porte.

Voici une ＋（女性単数名詞）の形です。

une は不定冠詞で「一つの」という意味です。女性単数名詞に付きます。

---

③ Voici le livre.

Voici le ＋（男性単数名詞）の形です。

le は定冠詞で「その」の意味です。男性単数名詞に付きます。

---

⑥ Voici la pluie.
⑦ Voici le printemps.
⑧ Voici Noël.

Voici ＋（名詞）でほかにも、何かが来たり始まったりすることを表します。人物や季節などについて表現できます。女性単数名詞の前の定冠詞は la です。

---

⑨ Voici mes opinions.

Voici は「以下が～です」の意味でも使うので、例文のような用法ができます。mes「私の」＋ opinions（複数名詞）です。mes は複数名詞に付く所有代名詞です。

---

⑩ Voici ma mère, et voilà mon père.

Voici は近く、Voilà は遠くを原則として指しますから、「こちらが…でそちらが～です」の時にはこのように Voilà とともに用います。

mon「私の」＋（男性単数名詞）、ma「私の」＋（女性単数名詞）

17

(1) Me voici.
私、来ましたよ。

(2) Le voici.
はい、これです。

(3) Me voici content.
私はこれで満足です（男性が言っている）。

(4) Vous voici tranquille.
あなたはもう落ち着きましたね。

［解説］

(1) Me voici.

　（人称代名詞）＋ voici で「～は来ました」や「～があります」の意味にもなります。

　人称代名詞（直接目的の形）として、

me「私」	**te**「君」	**le**「彼」	**la**「彼女」
nous「私たち」	**vous**「あなた（たち）」	**les**「彼（女）たち」	

があります。

(2) Le voici.

　ここでは Le は「彼」ではなく、男性名詞の何か「物」を指しています。例えば le passeport「パスポート」のように。女性名詞の「物」なら la となります。

(3) Me voici content.　(4) Vous voici tranquille.

　（人称代名詞）＋ voici ＋（形容詞など）で「これで…（人）は～（形容詞）になる」といった意味も表します。content「満足した」、tranquille「静かな」が形容詞の例です。

　(3)は女性が言うと、Me voici contente. と content が女性形（男性形に e を付ける）となります。

Voilà~.

「あそこに〜があります」「あれが〜です」

Voilà mon fils.

あれが私の息子です。

英 *There is my son.*

mon「私の」 fils「息子」

● 基本例文

002

① **Voilà Gérard, un ami.**
こちら、友人のジェラールさんです。

② **Voilà Marie-Thérèse, une amie.**
こちら、友人のマリーテレーズさんです。

③ **Voilà un taxi.**
タクシーが来たよ。

④ **Voilà une surprise.**
はい、抜き打ちのプレゼント。

⑤ **Voilà mon frère, Frédéric.**
こちらが兄のフレデリックです。

⑥ **Voilà ma sœur, Maï.**
こちらが妹のマイです。

⑦ **Voilà le Musée du Louvre.**
あれがルーブル美術館です。

⑧ **Voilà le bus.**
バスが来たよ。

⑨ **Voilà la monnaie.**
はい、お釣りです。

⑩ **Voilà les photos de ma famille.**
これが私の家族の写真です。

●─ 基本例文の用法

　Voilà は英語で言えば *There is (are)* となり、Voici（= Here is（are））と同じように副詞＋動詞（be 動詞）を一語で表します。会話では Voici の代用もして、日常とてもよく使われます。

---

① Voilà Gérard, un ami.　② Voilà Marie-Thérèse, une amie.

　まず名前を言ってから、その人物を説明しているパターンです。

---

③ Voilà un taxi.　⑧ Voilà le bus.

　Voici と同じく、Voilà ＋（名詞）で「〜がやって来た」の意味を表します。人にも物にも使えます。

---

⑤ Voilà mon frère, Frédéric.　⑥ Voilà ma sœur, Maï.

　人物を説明してから、その名前を言うパターンです。

---

⑨ Voilà la monnaie.

　日常とてもよく使われます。ここは Voilà「さあどうぞ」だけでもよいです。
　Voilà votre monnaie.「あなたのお釣りです」とも言います。

---

⑩ Voilà les photos de ma famille.

　Voilà les ＋（複数名詞）の形です。
　les は定冠詞で「それらの」の意味です。複数名詞（男性名詞・女性名詞どちらも）に付きます。

●─ 発展例文と用法　　　　　　　　　　　　　　　　*002*

(1)　Voilà.
　さあどうぞ（ほらね）。

(2)　Me voilà.
　私はここです。

(3)　Te voilà.
　君はそこにいたんだ。

(4) **Le voilà, Monsieur Cadot.**
カド氏が来たよ。

(5) **La voilà, Madame Cadot.**
カド夫人が来たよ。

(6) **Nous voilà.**
私たち、やって来ました。

(7) **Vous voilà.**
あなた（あなたたち）、来ましたね。

(8) **Les voilà.**
彼（女）たちが来たよ。

[解説]

Voici と同じく Voilà も（人称代名詞）＋ voilà で「〜は来ました」「〜があります」「〜になりました」の意味になります。

くり返しになりますが、人称代名詞（直接目的の形）は（パターン 1）、p.18 と同様に以下のものです。

me「私」	**te**「君」	**le**「彼」	**la**「彼女」
nous「私たち」	**vous**「あなた（たち）」	**les**「彼（女）たち」	

（例）

-Le passeport, s'il vous plaît.
パスポートを出してください。

-Le voilà.
はい、どうぞ。

（例）

-La carte, s'il vous plaît.
メニューをお願いします。

-La voilà.
さあ、どうぞ。

パターン 03 C'est un~.

「これは〜（男性名詞）です」

C'est un musée.

これは美術館（博物館）です。

英 *This is a museum.*

ce「これ」　est; être「である」の現在形。　un「一つの」　musée「美術館」

● 基本例文

003

① **C'est un chat.**
これはネコです。

② **C'est un chien.**
これはイヌです。

③ **C'est un veau.**
これは仔牛です。

④ **C'est un crayon.**
これは鉛筆です。

⑤ **C'est un poulain.**
これは仔馬です。

⑥ **C'est un cahier.**
これはノートです。

⑦ **C'est un livre.**
これは本です。

⑧ **C'est un plaisir.**
これは楽しい。

⑨ **Ce sont des champignons.**
これらはキノコです。

⑩ **Ce sont des chevaux.**
これらは馬です。

●─ 基本例文の用法

C'est は Ce「それ」と est「〜である」（be 動詞で後ろに単数名詞が来ます）のふたつの合体です。

その後に、男性名詞の前に付く不定冠詞 un「ひとつの」を付けて名詞を置きます。

①から⑩まで名詞はすべて男性名詞です。名詞は必ず un か une（女性単数名詞の前に置く）を付けて覚えるといいです。

① C'est un chat. ② C'est un chien.

雌ネコは chatte、雌イヌは chienne という単語もありますが、一般にネコは un chat、イヌは un chien と言います。

⑧ C'est un plaisir.

plaisir は「楽しみ」という意味で抽象的な名詞ですが、このように使うと便利です。

⑨ Ce sont des champignons.

C'est un 〜が複数になると Ce sont des 〜となります。sont は英語の *are* にあたります。champignons は champignon の複数形です。複数形は一般にこのように単数名詞に s をつけて（発音はされません）作ります。

des は un の複数形と考えればよいです。des は un と同じく不定冠詞です。

⑩ Ce sont des chevaux.

⑨と同じく C'est un 〜の複数形です。des chevaux は un cheval の複数形です。一般に al で終わっている名詞の複数形は語尾が aux となります。上記の例と異なります。

(1) Est-ce un chapeau?
これは帽子ですか？

(2) Ce n'est pas un cheval.
これは馬ではありません。

(3) C'est le cas.
今がその場合です。

(4) Ce sont les voisins.
あれは隣の人たちです。

［解説］

(1) Est-ce un chapeau?

　C'est un chapeau. の疑問文はそのまま？をつけて C'est un chapeau? でもいいですが、C'est はもともと Ce と est の合体ですから、それをひっくり返してハイフンを入れ
　　Est-ce un 〜？となります。

(2) Ce n'est pas un cheval.

　C'est un 〜の否定文は C'est をやはり Ce と est にわけて est（動詞の部分）を ne と pas ではさみ、Ce n'est pas un 〜となります。
　　ne ＋ est は n'est となります。これを「母音消失」といいます。

(3) C'est le cas.

　男性名詞単数 cas「場合」の前に付く定冠詞は le「その」です。

(4) Ce sont les voisins.

　男性名詞複数 voisins「隣人」の前に付く定冠詞は les「それらの」です。

パターン 04 C'est une~.
「これは～（女性名詞）です」

C'est une église.
これは教会です。

英 *This is a church.*

ce「これ」　est; être「である」の現在形。 une「一つの」　église「教会」

●—— 基本例文

004

① **C'est une robe.**
これはワンピースです。

② **C'est une cravate.**
これはネクタイです。

③ **C'est une assiette.**
これは皿です。

④ **C'est une table.**
これはテーブルです。

⑤ **C'est une école.**
これは学校です。

⑥ **C'est une revue.**
これは雑誌です。

⑦ **C'est une bonne promenade.**
いい散歩ですね。

⑧ **C'est une chambre d'ami?**
これは来客用の部屋ですか？

⑨ **Ce sont des alouettes.**
あれらはヒバリです。

⑩ **Ce sont des montres.**
あれらは腕時計です。

女性名詞の前に不定冠詞 une「ひとつの」を付けます。
C'est については（パターン 3）と同様です。

①から⑩まで名詞はすべて女性名詞です。繰り返しますが、名詞は必ず un
か une を付けて覚えるとあとがラクです。

⑦ C'est une bonne promenade.

女性名詞 promenade に bonne「良い」という形容詞がついています。この形
容詞は男性名詞につく時は bon となります。

（例）un bon repas「良い食事」

⑧ C'est une chambre d'ami?

女性名詞 chambre「部屋」に d'ami「友だちの」がうしろからかかっています。

⑨ Ce sont des alouettes.

C'est une 〜が複数になると Ce sont des 〜となります。sont は英語の *are*
にあたります。C'est une alouette. の複数形ということです。

des は une の複数形と考えればよいです。des は une と同じく不定冠詞です
（英語には des のように複数名詞の前に置く不定冠詞はありません）。

● **発展例文の用法**　*004*

(1) **Est-ce une veste?**
これはジャケットですか？

(2) **Ce n'est pas une écharpe.**
これはスカーフではありません。

(3) **C'est la maison.**
これがその家です。

(4) **Ce sont les voitures de mon oncle.**
これらは私の叔父のクルマです。

［解説］

(1) Est-ce une veste?

C'est はもともと Ce と est の合体ですから、それをひっくり返してハイフンを入れ Est-ce となるのは C'est un の場合と同じです。

(2) Ce n'est pas une écharpe.

C'est une 〜の否定文は C'est をやはり Ce と est にわけて est（動詞の部分）を ne と pas ではさみ、Ce n'est pas となるのは C'est un 〜の場合と同じです。

(3) C'est la maison.

女性単数名詞 maison の前に付く定冠詞は la「その」です。

(4) Ce sont les voitures de mon oncle.

女性複数名詞 voitures「クルマ」の前に付く定冠詞は les「それらの」です。男性名詞複数の前に les がついたのと同様です。

パターン 05 Ce sont des~.

「これらは〜（複数名詞）です」

Ce sont des étudiants.

これらは学生さん（複数）です。

英 *These are students.*

sont; être「である」の現在形。des「いくつかの（何人かの）」 étudiant「学生」（男性）

● 基本例文

005

① Ce sont des cerises.
これらはサクランボです。

② Ce sont des motos.
これらはオートバイです。

③ Ce sont des vélos.
これらは自転車です。

④ Ce sont des fleurs.
これらは花です。

⑤ Ce sont des appartements.
あれらはアパルトマンです。

⑥ Ce sont des animaux.
これらは動物です。

⑦ Ce sont mes amis.
この人たちは私の友だちです。

⑧ Est-ce que ce sont des plantes?
これらは植物ですか？

⑨ Ce sont les châteaux.
あれらがそのお城群です。

⑩ Ce ne sont pas les gâteaux.
これらはお菓子じゃないですよ。

● 基本例文の用法

des のあとは複数名詞で、男性名詞、女性名詞の両方が来ます。初出の不特定のものを指します。名詞の性を考えることなく気軽に言えるパターンなので、お得、とも言えます。なお、ce は「これ」「それ」どちらでもよいです。

① Ce sont des cerises.　② Ce sont des motos.

③ Ce sont des vélos.　④ Ce sont des fleurs.

名詞の複数形はこれらの例のように、ただ s をつければいいのです（ただしこの s は発音されません）。sont は英語の *be* 動詞で、後に複数名詞が来ます。

⑤ Ce sont des appartements.

appartements は日本のマンションにあたる住居ですから、あえて「アパート」と訳さず「アパルトマン」と言ったほうがいいかもしれません。

⑥ Ce sont des animaux.

animaux は animal の複数形です。al で終わっている名詞の複数形は aux となります。

⑦ Ce sont mes amis.

mes「私の」は複数名詞に付く所有代名詞です。男性名詞、女性名詞の両方に使います。

⑧ Est-ce que ce sont des plantes?

文頭に Est-ce que を置くと疑問文になります。あとに続く文は平叙文の語順になります。

⑨ Ce sont les châteaux.

des は不特定のものですが、特定のものの前には定冠詞 les を置きます。châteaux は単数形が château で、eau で終わっている名詞の複数形は eaux となります。

⑩ Ce ne sont pas les gâteaux.

否定文は動詞（sont）を ne と pas ではさみます。また、gâteaux も単数形が gâteau で、eau で終わっているので複数形は eaux となります。

パターン 06 C'est + (形容詞).
「これは〜です」

C'est bon?
おいしいですか?

英 *Is it good?*

est; être「である」の現在形。bon「おいしい」

●— 基本例文

006

① **C'est si bon.**
もう完璧。

② **C'est bien ici.**
ここ居心地いいね。

③ **C'est magnifique.**
素晴らしいね。

④ **C'est génial.**
そいつはいいね。

⑤ **C'est super!**
最高!

⑥ **C'est superbe.**
きれいね。

⑦ **C'est parfait.**
完璧だよ。

⑧ **C'est chouette!**
しゃれてる!

⑨ **C'est dégoûtant.**
むかつく。

⑩ **C'est moche!**
最低!

●— 基本文例の用法

いずれも簡単な形容詞を用いて、驚き・賞賛・不快などを表現できる例を集めてみました。全部 C'est で言えるところも super「最高」ですね。

---

① **C'est si bon.**

bon は「おいしい」「よい」などの意味です。
si「これほど」「とても」は副詞で、形容詞・副詞にかかります。
（例）Je chante si mal.「私は歌がとても下手です」

---

② **C'est bien ici.**

bien はここでは形容詞で「心地がいい」や「快適だ」の意味です。
C'est bien. だけで「よろしい」という意味にもなります。

---

③ **C'est magnifique.**

magnifique は「豪華な」「雄大な」や「素晴らしい」「見事な」の意味があります。
（例）une réception magnifique「盛大な宴」

---

④ **C'est génial.**

génial は「天才的な」「気のきいた」や「すばらしい」の意味です。

---

⑤ **C'est super!**　⑥ **C'est superbe.**

super- は（より上位の・超越した）の意味を持つ接頭辞です。

---

⑧ **C'est chouette!**

chouette は会話で「いい」「すてきな」の意味です。

---

⑨ **C'est dégoûtant.**

dégoûtant は「不愉快な」「胸がむかつくような」の意味です。

---

⑩ **C'est moche!**

moche も会話言葉で、「醜い」「みっともない」の意味です。

C'est のあとに来ているのは形容詞ではありませんが、日常よく出てくる C'est 〜の形を挙げてみます。よく使うものばかりです。

(1) C'est ça.
そのとおり。

(2) C'est comme ça.
そんな感じ。

(3) C'est pour rire.
ほんの冗談です。

(4) C'est-à-dire?
それってどういうこと？

［解説］

(1) C'est ça.

　相づちを打つ時のかかせない表現です。

　ça は「それ」の意味です。（パターン 38）の基本例文③にもあります。

(2) C'est comme ça.

　comme ça もとてもよく使います。comme は「〜のような」で、直訳は「そのようなものさ」でしょうか。

(3) C'est pour rire.

　pour は「〜のための」で、rire は「笑う」という動詞です。

　直訳すると「それは笑うためのものさ」でしょうか。

(4) C'est-à-dire?

　C'est-à-dire は「つまり」という意味です。疑問文にして尻上がりに発音すると「それはつまり？」という便利な問いかけに変わります。

パターン 07 C'est à + (人).

「これは (人) のものです」

C'est à vous.

これはあなた (たち) のものです。

英 *It is yours.*

est ; être「である」の現在形。 à vous「あなた (たち) のもの」

● 基本例文

007

① C'est à moi.
これは私のものです。

② C'est à toi?
これは君のもの？

③ C'est à lui?
これは彼のものですか？

④ C'est à elle.
これは彼女のものです。

⑤ C'est à nous.
これは私たちのものです。

⑥ C'est à eux.
これは彼たちのものです。

⑦ C'est à elles.
これは彼女たちのものです。

⑧ C'est à Jacques.
これはジャックのものです。

⑨ C'est un ami à moi.
これは私の友だちです。

⑩ C'est une voiture à mon père.
これは私の父のクルマです。

33

●─ 基本例文の用法

C'est à ＋（人）で所有・所属を表します。

à は英語で言えば *to* や *at* に近いニュアンスを持つ前置詞です。

（人）の部分には人名、また人称代名詞なら強勢形と呼ばれる形が来ます。前置詞の後ろは強勢形が使われます。

人称代名詞強勢形は、

moi「私」	**toi**「君」	**lui**「彼」	**elle**「彼女」
nous「私たち」	**vous**「あなた（たち）」	**eux**「彼ら」	**elles**「彼女ら」

この強勢形は Voici や Voilà の前に使う人称代名詞とは、少し違うので、注意が必要です。

① C'est à moi.　　　② C'est à toi?

③ C'est à lui?　　　④ C'est à elle.

⑤ C'est à nous.　　　⑥ C'est à eux.

⑦ C'est à elles.

いずれも人称代名詞強勢形を用いたものです。

疑問文は？を付け、しり上がりに発音すればよいわけです。

⑧ C'est à Jacques.

人名が来ている例です。

⑨ C'est un ami à moi.

C'est un ami.「これは友だちです」の後ろに à moi を付けると、「私の」という意味が付け加わります。

⑩ C'est une voiture à mon père.

C'est une voiture.「これはクルマです」の後ろに à mon père を付けると「私の父の」という意味が付け加わります。

● 発展例文と用法 *007*

(1) **À moi de payer.**
私が払う番です。

(2) **À vous de parler.**
あなたが話す番です。

(3) **À toi de jouer.**
（ゲームなどで）君の番だよ。

［解説］

(1) À moi de payer.
(2) À vous de parler.
(3) À toi de jouer.

　C'est à ＋（人）＋ de ～「（人）が～する番だ」の C'est が省略されて、À ＋（人）＋ de ～となります。

　～には動詞の原形を持って来ます。フランス語の動詞の原形の約 9 割は er で終わります。payer「払う」、parler「話す」、jouer「遊ぶ」「ゲームをする」などで第一群規則動詞(er 型規則動詞)と呼ばれます。活用は aimer「愛する」(パターン 19) を参照してください。

　もっと短くなると次のような例もあります。

（例）　-Au suivant.
　　　次の人どうぞ。

　（À ＋ le suivant「次の人」の À (前置詞)と le (冠詞)がくっついて Au となります。これを縮約といいます。）

　例えば à le Japon とは言わず au Japon「日本において」となります。

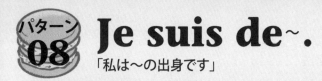

Je suis de~.

「私は〜の出身です」

Je suis de Tokyo.

私は東京の出身です。

英 *I am from Tokyo.*

suis; être「である」の現在形。　de Tokyo「東京の」「東京から」

● 基本例文

008

① **Je suis d'Osaka.**
　　私は大阪出身です。

② **Je suis de Nagoya, au Japon.**
　　私は日本の名古屋の出身です。

③ **Je suis de Lyon, en France.**
　　私はフランスのリヨン出身です。

④ **Je suis de Kyoto, une ancienne capitale.**
　　私は京都出身です。昔の首都です。

⑤ **Je suis de Toyama, pays de neige.**
　　私は富山の出身です。雪国です。

⑥ **Je suis de Normandie, pays des pommes.**
　　私はリンゴのふるさとノルマンディーの出身です。

⑦ **Je suis du pays.**
　　私は地元の人間です。

⑧ **Nous sommes de Tokyo.**
　　私たちは東京の出身です。

⑨ **Nous sommes de la Région de Kansaï.**
　　私たちは関西の出身です。

⑩ **Nous ne sommes pas de Hokkaïdo**
　　私たちは北海道の出身ではありません。

●─ 基本例文の用法

être（英語の *be* 動詞）＋ de ～で「～出身」となります。

être は不規則動詞で、活用は以下の通りです。

je suis「私は～です」	**nous sommes**「私たちは～です」
tu es「君は～です」	**vous êtes**「あなた（たち）は～です」
il est「彼は～です」	**ils sont**「彼たちは～です」
elle est「彼女は～です」	**elles sont**「彼女たちは～です」

① Je suis d'Osaka.

Osaka が母音で始まっているので、de ＋ Osaka ＝ d'Osaka となります。母音消失です。

② Je suis de Nagoya, au Japon.　③ Je suis de Lyon, en France.

Nagoya や Lyon のあとに国名を置けばいっそう出身場所がわかりやすくなります。

④ Je suis de Kyoto, une ancienne capitale.

⑤ Je suis de Toyama, pays de neige.

⑥ Je suis de Normandie, pays des pommes.

Kyoto、Toyama、Normandie などのあとに簡単な説明を入れたものです。ancienne は ancien「古い」という形容詞の女性形です。capitale「首都」が女性名詞だからです。pays は「国」とか「地方」という意味です。ちょっとした説明で出身地のイメージがわかってもらえるかも。

⑦ Je suis du pays.

これは会話的表現です。この場合 pays は「故郷」の意味です。

du となるのは de ＋ le pays の de ＋ le が du（縮約）となるからです。

⑧ Nous sommes de Tokyo.

⑨ Nous sommes de la Région de Kansaï.

nous「私たち」に続く être（be 動詞）は sommes です。

「関西」は Région de Kansaï です。Région「地方」には女性名詞の冠詞 la を付けましょう。

⑩ **Nous ne sommes pas de Hokkaïdo**

nous sommes の否定文は、動詞 sommes を ne と pas ではさみます。

● 発展例文と用法   *008*

(1) Vous êtes d'où?
あなたはどこの出身ですか？

(2) Tu es d'où?
君はどこの出身？

(3) Vous venez d'où?
あなたはどこから来ましたか？

[解説]

(1) Vous êtes d'où?

de「から」+ où「どこ」で d'où「どこから」となります。やはり縮約です。
vous「あなた」の être 動詞 (*be* 動詞) は êtes となります。

(2) Tu es d'où?

tu の être 動詞 (*be* 動詞) は es となります。

(3) Vous venez d'où?

venez は原形が venir「来る」で、vous に付く形です。venir の活用は (パターン 27) にあります。

この疑問文には、Je viens de 〜.「私は〜から来ました」で答えます。

ちなみに携帯電話で、
T'es où?「今どこ？」(Tu es を縮めて T'es と言います)
と言っているのをよく聞きます。

Je suis~.

「私は～です」

Je suis japonais.

私は日本人（男性）です。

英 *I am a Japanese.*

suis; être「である」の現在形。　japonais「日本人」（男性）

● 基本例文

009

① **Je suis japonaise.**
私は日本人（女性）です。

② **Je suis étudiant.**
私は学生（男性）です。

③ **Je suis étudiante.**
私は学生（女性）です。

④ **Je suis employé.**
私は会社員（男性）です。

⑤ **Je suis employée.**
私は会社員（女性）です。

⑥ **Je suis un touriste.**
私は観光客（男性）です。

⑦ **Je ne suis pas chinois.**
私は中国人（男性）ではありません。

⑧ **Je ne suis pas chinoise.**
私は中国人（女性）ではありません。

⑨ **Je ne suis pas coréen.**
私は韓国人（男性）ではありません。

⑩ **Je ne suis pas coréenne.**
私は韓国人（女性）ではありません。

---

① Je suis japonaise.

「日本人」は男性なら japonais 女性なら男性形に e をつけて japonaise となります（最後の se を「ズ」と発音するようになります）。

英語と違うのは、国籍や身分を言う時はフランス語では、不定冠詞の un や une が要らない点です。

---

② Je suis étudiant.　③ Je suis étudiante.

「学生」は男性なら étudiant 女性ならやはり男性形に e をつけて étudiante となります（最後の te を「トゥ」と発音するようになります）。やはり無冠詞で大丈夫です。

---

④ Je suis employé.　⑤ Je suis employée.

「会社員」は上記のように男性形の語尾に e をつけて女性形になります。もちろん無冠詞です（発音は変わりません）。

---

⑦ Je ne suis pas chinois.　⑧ Je ne suis pas chinoise.

否定形にしたい時は suis を ne と pas ではさみます。

「中国人」は男性形が chinois 女性形はそれに e をつけて chinoise となります（最後の se を「ズ」と発音するようになります）。

---

⑨ Je ne suis pas coréen.　⑩ Je ne suis pas coréenne.

「韓国人」は男性形が coréen 女性形はそれに ne を付けて coréenne となります。

●─ 発展例文と用法

(1) **Vous êtes français?**
あなたはフランス人(男性)ですか？

(2) **Tu es française?**
君はフランス人(女性)ですか？

(3) **Vous êtes américain?**
あなたはアメリカ人(男性)ですか？

(4) **Tu es américaine?**
君はアメリカ人(女性)ですか？

(5) **Vous êtes de quelle nationalité?**
あなたのお国はどちらですか？

［解説］

(1) Vous êtes français?

「あなたは〜ですか？」は Vous êtes 〜 ? となります。「フランス人(男性)」
français も無冠詞です。

(2) Tu es française?

「君は〜ですか？」は Tu es 〜 ? となります。「フランス人(女性)」française は
男性形に e を付けたものです。

(3) Vous êtes américain?　　(4) Tu es américaine?

「アメリカ人」も男性形に e をつけて女性形になります。

(5) Vous êtes de quelle nationalité?

de「〜の」quelle「どの」nationalité「国籍」でどこの国の人かを聞きます。
quelle については（パターン 70）を参照してください。

J'ai~.

「私は〜を持っています」

J'ai un enfant.

私にはこどもが一人います。

英 *I have a child.*

ai；avoir「持つ」の現在形　un enfant「一人のこども」（男性）

●── 基本例文

010

① **J'ai un fils.**
私には息子が一人います。

② **J'ai un frère.**
私には兄弟が一人います。

③ **J'ai un vélo.**
私は自転車を持っています。

④ **J'ai un ami japonais.**
私には日本人の友だち（男性）がいます。

⑤ **J'ai une fille.**
私には娘が一人います。

⑥ **J'ai une sœur.**
私には姉妹が一人います。

⑦ **J'ai une moto.**
私はバイクを持っています。

⑧ **J'ai une amie française.**
私にはフランス人の友だち（女性）がいます。

⑨ **J'ai des bagages.**
私は荷物があります。

⑩ **J'ai des ennuis.**
私は困っています。

●─ 基本例文の用法

> ① J'ai un fils.　② J'ai un frère.　③ J'ai un vélo.

　J'ai の ai は原形が avoir「持つ」「持っている」です。不規則動詞です。Je と ai がくっついて J'ai（母音消失）となります。

　活用は以下の通りです。

j'ai	「私は持つ」
tu as	「君は持つ」
il a	「彼は持つ」
elle a	「彼女は持つ」
nous avons	「私たちは持つ」
vous avez	「あなた（たち）は持つ」
ils ont	「彼たちは持つ」
elles ont	「彼女たちは持つ」

　fils、frère、vélo はいずれも男性名詞ですから、不定冠詞の un を付けます。

> ④ J'ai un ami japonais.

　un ami「一人の友だち（男性）」に japonais「日本人の」という形容詞がかかっています。フランス語では形容詞はふつう名詞の後ろからかかります。

> ⑤ J'ai une fille.　⑥ J'ai une sœur.　⑦ J'ai une moto.

　fille、sœur、moto はいずれも女性名詞ですから、不定冠詞の une をつけます。

> ⑧ J'ai une amie française.

　une amie「一人の友だち（女性）」に française「フランス人の」という形容詞がかかっています。この形容詞は女性名詞にかかるので、男性名詞にかかる形容詞 français に語尾に e をつけて française とします。

> ⑨ J'ai des bagages.　⑩ J'ai des ennuis.

　複数名詞には男性名詞、女性名詞にかかわらず des という不定冠詞がつきます。複数名詞は語尾には s をつけますが発音はされません。

(1) **Je n'ai pas d'enfant.**
私は子どもがいません。

(2) **Je n'ai pas d'argent.**
私はお金がありません。

(3) **Je n'ai pas de sœur.**
私には姉妹はいません。

(4) **Je n'ai pas de bagage.**
私は荷物はありません。

(5) **Tu as combien de frères?**
君は兄弟は何人いるの？

［解説］

(1) Je n'ai pas d'enfant.　　(2) Je n'ai pas d'argent.
(3) Je n'ai pas de sœur.　　(4) Je n'ai pas de bagage.

J'ai の否定文は注意が必要です。動詞の ai を ne と pas ではさむので、ne +
ai pas は n'ai pas となります（母音消失）。

次に、不定冠詞の un、une、des のついている名詞が文中で目的語（「～を」
と訳せる部分です）となっている時は、それらの不定冠詞はすべて de と変化
させます。

de のあとが母音で始まっているときには d' となるので、d'enfant、d'argent
（母音消失）などのようになりなす。

(5) Tu as combien de frères?

combien de +（複数名詞）で「いくつの（何人の）～」という疑問文を作ります。
この答えが J'ai un frère.「兄（弟）が一人います」や J'ai deux frères.「兄（弟）が二人
います」などとなります。

パターン 11 J'ai ~ ans.
「私は〜才です」

J'ai vingt ans.
私は 20 才です。

英 *I am twenty years old.*

ai；avoir「持つ」の現在形。 vingt「20」 an「(年齢を示す)才」

● 基本例文

 011

① J'ai vingt et un ans.
私は 21 才です。

② J'ai vingt-deux ans.
私は 22 才です。

③ J'ai trente ans.
私は 30 才です。

④ J'ai trente et un ans.
私は 31 才です。

⑤ J'ai trente-trois ans.
私は 33 才です。

⑥ J'ai quarante ans.
私は 40 才です。

⑦ J'ai quarante et un ans.
私は 41 才です。

⑧ J'ai quarante-quatre ans.
私は 44 才です。

⑨ J'ai quatre-vingts ans.
私は 80 才です。

⑩ J'ai cent ans.
私は 100 才です。

●─ 基本例文の用法

① J'ai vingt et un ans.

「21」などと何十の位に「1」が付くときは et を入れます。その他の時には et なしでハイフンだけでつなげていきます。

② J'ai vingt-deux ans.

したがって「22」はハイフンだけでつないでいます。

③ J'ai trente ans.
④ J'ai trente et un ans.

「30」「31」も上記のように作ります。

⑤ J'ai trente-trois ans.

「33」は「22」のように作ります。

⑦ J'ai quarante et un ans.

「41」も「21」や「31」のように et を入れた形で作ります。

⑨ J'ai quatre-vingts ans.

フランス語では「80」は独特です。「4 × 20」と言います。これは十分にカルチャーショックですね。このとき vingt「20」には s を付けます。

⑩ J'ai cent ans.

ありえない表現ですが、切返しの一言ですね。年齢を言いたくない時の一言でもあります。

●─ 発展例文と用法

011

(1) J'ai le même âge que vous.
私はあなたと同い年です。

(2) **J'ai le même âge que toi.**
私は君と同い年です。

(3) **J'ai presque le même âge que toi.**
私はだいたい君と同い年です。

(4) **Vous avez quel âge?**
あなたは何才ですか？

(5) **Tu as quel âge?**
君は何才ですか？

[解説]

(1) J'ai le même âge que vous.

「同い年」は le même âge です。le même 〜 que vous で「あなたと同じ〜」となります。même「同じ」、âge「年齢」そして le は男性名詞 âge にかかる定冠詞です。vous「あなた」は que の後に来るので代名詞の強勢形を用いています。

(2) J'ai le même âge que toi.

le même âge que については上記と同じです。toi「君」は que の後に来るので代名詞の強勢形です。

(3) J'ai presque le même âge que toi.

(2) J'ai le même âge que toi. に「だいたい」「ほとんど」という意味の presque を付けると細かいこと抜きで会話が進みます。

(4) Vous avez quel âge?

Vous avez 〜「あなたは〜を持つ」に quel âge「どの年齢」をつけると相手の年齢を聞くことになります。（パターン 70）の基本例文①はこの倒置形です。

(5) Tu as quel âge?

Tu as 〜「君は〜を持つ」も（パターン 70）の基本例文②はこの倒置形です。

パターン 12

J'ai + (「空腹」など).
「私は(おなかが空いて)います」

J'ai faim.
私はおなかが空いています。

英 *I am hungry.*

ai；avoir「持つ」の現在形。　faim「空腹」(名詞)

●— 基本例文

① **J'ai très faim.**
　私はとてもおなかが空いています。

② **J'ai si faim.**
　私はとてもおなかが空いています。

③ **J'ai soif.**
　私はのどが渇いています。

④ **J'ai sommeil.**
　私は眠いです。

⑤ **J'ai chaud.**
　私は暑いです。

⑥ **J'ai froid.**
　私は寒いです。

⑦ **J'ai tellement froid.**
　私はとても寒いです。

⑧ **Je n'ai pas faim.**
　私はおなかが空いていません。

⑨ **Je n'ai pas soif.**
　私はのどが渇いていません。

⑩ **J'ai le cafard.**
　私は気分がふさいでいます。

●— 基本例文の用法

① J'ai très faim.

　avoir「持つ」+ faim「空腹」で「おなかが空いている」となり、très「とても」を
faim に付けると「とてもおなかが空いている」となります。faim は冠詞なしで
大丈夫です。

② J'ai si faim.

　faim に si「とても」を付けるとやはり上記と同じように「とてもおなかが空い
ている」となります。

③ J'ai soif.　④ J'ai sommeil.

　soif「のどの渇き」や sommeil「眠気」を avoir に付けると、それぞれ「のどが渇
いた」や「眠い」の意味になります。

⑤ J'ai chaud.　⑥ J'ai froid.

　chaud「暑さ」や froid「寒さ」を avoir につけると「暑い」や「寒い」となります。

⑦ J'ai tellement froid.

　tellement「とても」を froid につけると①や②のように「とても寒い」となりま
す。

⑧ Je n'ai pas faim　⑨ Je n'ai pas soif.

　J'ai faim. の否定形は Je n'ai pas faim. となり Je n'ai pas de faim. とはなりま
せん。
　J'ai soif. も否定形は Je n'ai pas soif. となります。

⑩ J'ai le cafard.

　le cafard は「ふさぎのムシ」といった意味です。

(1) Je crève de faim.
おなかが空いて死にそう。

(2) Je meurs de faim.
おなかが空いて死にそう。

(3) Je meurs de soif.
のどが渇いて死にそう。

(4) Ça caille.
とても寒いね。

[解説]

(1) **Je crève de faim.**

crever は「破裂する」という意味のほかに「de で死にそうだ」の意味があります。

Je crève de chaleur. なら「暑くて死にそうだ」です。

(2) **Je meurs de faim.**

meurs は原形が mourir「死ぬ」から来ています。やはり「de で死にそうだ」の意味です。

(3) **Je meurs de soif.**

meurs は (2) の meurs と同じです。

(4) **Ça caille.**

Ça は「それ」ですが天候を表します。また caille は原形 cailler「凝固する」から来ています。面白いですね。

J'ai mal à~.

「私は〜が痛いです」

J'ai mal à la tête.

私は頭痛がします。

英 *I have a headache.*

ai; avoir「持つ」の現在形。mal「痛み」 à 〜「〜において」 la tête「頭」

● **基本例文**

① J'ai mal à l'estomac.
私は胃が痛いです。

② J'ai mal à l'épaule.
私は肩が痛いです。

③ J'ai mal à la jambe.
私は脚が痛いです。

④ J'ai mal au ventre.
私はおなかが痛いです。

⑤ J'ai mal au bras.
私は腕が痛いです。

⑥ J'ai mal aux dents.
私は歯が痛いです。

⑦ J'ai mal aux yeux.
私は目が痛いです。

⑧ J'ai mal aux genoux.
私はひざが痛いです。

⑨ J'ai mal aux reins.
私は腰が痛いです。

⑩ J'ai mal au cœur.
私は吐き気がします。

●─ 基本例文の用法

---
① J'ai mal à l'estomac.
---

avoir mal à 〜で「〜が痛い」となります。〜の部分に(le ＋男性名詞)が来ると、
à ＋ le ＝ au ですが、estomac は男性名詞ながら母音で始まっているので、à
l'estomac となります。à は英語の *at* か *in* と考えましょう。

---
② J'ai mal à l'épaule.

épaule は女性名詞ですが母音で始まっているので l'épaule となります。

---
③ J'ai mal à la jambe.

à la jambe は à la ＋(女性名詞)の例です。

---
④ J'ai mal au ventre.
---

au ventre は à ＋ le ＝ au の例です。ventre は男性名詞です。

---
⑤ J'ai mal au bras.
---

au bras も à ＋ le ＝ au の例です。bras は男性名詞です。

---
⑥ J'ai mal aux dents.
---

aux dents は à ＋ les dents の à ＋ les ＝ aux となるからこの形になります。
（パターン 34）p.115 にも出てきます。

---
⑦ J'ai mal aux yeux.
---

aux yeux も à ＋ les yeux の à ＋ les ＝ aux となるからこの形になります。
yeux は œil「目」の複数形です。

---
⑧ J'ai mal aux genoux.
---

aux genoux も à ＋ les genoux の à ＋ les ＝ aux となるからこの形になります。
genoux は genou「ひざ」の複数形です。

---
⑨ J'ai mal aux reins.
---

reins「腰」はふつう複数形で使います。

⑩ **J'ai mal au cœur.**

  cœur は「心」「心臓」の意味ですが「胃のあたり」も指します。
  またこの場合の mal は「不快」というほどの意味です。

●─ **発展例文と用法**   *013*

(1) J'ai le mal des transports.
私は乗り物に酔いました。

(2) Ça fait mal?
痛いですか？

(3) J'ai des fourmis dans les jambes.
私は足がしびれています。

［解説］

(1) J'ai le mal des transports.

  transports は「交通機関」です。de + les = des となります。
  mal はやはり「不快」の意味です。

(2) Ça fait mal?

  Ça「それは」fait「する」と組み合わせると「痛い？」となります。

(3) J'ai des fourmis dans les jambes.

  fourmis（複数形）は「蟻」です。dans les jambes「脚の中に」、つまり「脚の中に
蟻がいる」という感じです。実感しますね。

パターン 14 J'ai besoin de ~.

「私は~が必要です」

J'ai besoin de ton aide.
君の助けが必要です。

英 *I need your help.*

ai; avoir「持つ」の現在形。besoin de ~「~の必要性」 ton「君の」 aide「助け」

● 基本例文

014

① **J'ai besoin de votre aide.**
私はあなたの助けが必要です。

② **J'ai besoin de vous.**
私はあなたが必要です。

③ **J'ai besoin de toi.**
私は君が必要なんだ。

④ **J'ai besoin de repos.**
私は休息が必要です。

⑤ **J'ai besoin de courage.**
私には勇気が必要です。

⑥ **J'ai besoin d'argent.**
私はお金が必要です。

⑦ **J'ai besoin d'un moyen de transport.**
私は交通手段が必要です。

⑧ **J'ai grand besoin d'un costume.**
私はスーツがとても入り用です。

⑨ **J'ai besoin de manger.**
私は何か食べなければ。

⑩ **J'ai besoin de dormir.**
私は寝なければ。

●─ 基本例文の用法

① J'ai besoin de votre aide.

J'ai besoin de 〜の「〜」の部分は名詞でも動詞の原形でもかまいません。
ここの votre は「あなた（がた）の」で（パターン14）表題の ton は「君の」です。

② J'ai besoin de vous.　③ J'ai besoin de toi.

de のあとは強勢形代名詞の vous、そして toi（主語としては tu）となります。

⑥ J'ai besoin d'argent.

argent は母音で始まるので、d'argent となります。

⑦ J'ai besoin d'un moyen de transport.

moyen「手段」、transport「交通」です。

⑧ J'ai grand besoin d'un costume.

grand besoin で「とても必要がある」です。

⑨ J'ai besoin de manger.　⑩ J'ai besoin de dormir.

いずれも de のあとが動詞の原形になる例です。
manger「食べる」、dormir「眠る」など、フランス語の動詞は語尾が er や ir で
終わるものが多くあります。

(1) **Je n'ai besoin de rien.**
私は何も必要ありません。

(2) **Je n'ai pas besoin de travailler aujourd'hui.**
私は今日は働く必要がありません。

(3) **Vous avez besoin de moi?**
あなたは私にご用ですか？

(4) **Tu as besoin de moi?**
君は僕に用かい？

[解説]

(1) Je n'ai besoin de rien.

　ne ～ rien で「何も～ない」の意味です。この場合、否定を表す ne ～ pas の pas は要りません。

(2) Je n'ai pas besoin de travailler aujourd'hui.

　n'ai pas besoin de で「～は必要ない」の意味になります。de のあとには動詞の原形が来ています。

(3) Vous avez besoin de moi?　(4) Tu as besoin de moi?

　Vous avez ～「あなたは～を持つ」、Tu as ～「君は～を持つ」を使えば「あなたは（君は）私が必要ですか」や「あなたは（君は）私にご用ですか」などの意味になります。

J'ai envie de~.

「私は～がほしいです」

J'ai envie d'un verre d'eau.

水が一杯ほしいです。

英 *I feel like a glass of water.*

ai；avoir「持つ」の現在形。envie de ～「～の欲求」　un verre d'eau「1 杯の水」

● — 基本例文

015

① **J'ai envie d'un peu de vin.**
私はワインが少しほしいです。

② **J'ai envie d'un peu de bière.**
私はビールが少しほしいです。

③ **J'ai envie d'un peu de sucre.**
私は砂糖が少しほしいです。

④ **J'ai envie d'un vélo.**
私は自転車がほしいです。

⑤ **J'ai envie d'une voiture.**
私はクルマがほしいです。

⑥ **J'ai envie d'une moto.**
私はバイクがほしいです。

⑦ **J'ai envie d'un sac chic.**
私はシックなバッグがほしいです。

⑧ **J'ai envie de boire.**
私は一杯やりたいな。

⑨ **J'ai envie de voyager.**
私は旅がしたいな。

⑩ **J'ai envie d'aller au cinéma.**
私は映画に行きたいな。

●─ 基本例文の用法

① J'ai envie d'un peu de vin.

（パターン 15）の見出し文では un verre d'eau「一杯の水」ですが、ここでは un peu de ～で「少しの～」です。

④ J'ai envie d'un vélo.　⑤ J'ai envie d'une voiture.
⑥ J'ai envie d'une moto.

un vélo は男性名詞、une voiture と une moto は女性名詞です。

⑦ J'ai envie d'un sac chic.

un sac は「ハンドバッグ」のことですが、正確に言いたい時には sac à main と言います。

⑧ J'ai envie de boire.　⑨ J'ai envie de voyager.
⑩ J'ai envie d'aller au cinéma.

いずれも J'ai envie de のあとに動詞の原形が来ている例です。
boire は「飲む」の意味ですが単独で「お酒を飲む」の意味に使われます。
au cinéma は à ＋ le cinéma ＝ au cinéma のパターンです。

●─ 発展例文と用法

015

(1) J'ai très envie de pleurer.
なんかとても泣きたい。

(2) Je n'ai aucune envie de rester ici.
ここには全く居たくないよ。

(3) Je meurs d'envie de la voir.
彼女に会いたくて死にそうだ。

［解説］

(1) J'ai très envie de pleurer.

　envie に très を付けると強めます。（パターン14）で J'ai grand besoin とい
うふうに besoin を grand で強めたのと似ています。

(2) Je n'ai aucune envie de rester ici.

　aucune は否定文で用い「少しも〜ない」の意味になります。aucun ＋（男性
名詞）、aucune ＋（女性名詞）です。例えば Je n'ai aucune nouvelle.「ニュース
は全くない」。この場合 pas は用いません。

　Je n'ai aucune ＋（女性名詞）で「〜を全く持っていない」の意味ですから「全く
〜したくない」の意味になります。

(3) Je meurs d'envie de la voir.

　（パターン12）で Je meurs de faim.（発展例文）をやりましたが、やはり
meurs（原形は mourir「死ぬ」）を使うと mourir d'envie de 〜で「〜したくて死に
そう」といった意味になります。

J'AI ENVIE DE VOYAGER...

パターン 16　J'ai hâte de +（動詞の原形）．

「私は早く〜したいです」

J'ai hâte de te voir.

早く君に会いたいです。

英 *I am looking forward to seeing you soon.*

ai; avoir「持つ」の現在形。hâte「はやる気持ち」　te voir「君に会う」

● 基本例文

016

① J'ai hâte de sortir.

早く外出したいな。

② J'ai hâte d'être à demain.

早く明日にならないかな。

③ J'ai hâte de la voir.

早く彼女に会いたいな。

④ J'ai hâte de visiter la France.

早くフランスに行ってみたいな。

⑤ J'ai hâte de rentrer au Japon.

早く日本に帰りたいな。

⑥ J'ai hâte de lire ce livre.

早くこの本を読みたいな。

⑦ J'ai hâte d'aller voir ce film.

早くあの映画を見に行きたいな。

⑧ J'ai hâte de voyager en Europe.

早くヨーロッパを旅行したいな。

⑨ J'ai hâte de goûter ce plat.

早くこの料理を食べてみたいな。

⑩ J'ai hâte d'apprendre le résultat.

早く結果が知りたいな。

●― 基本例文の用法

① **J'ai hâte de sortir.**

hâte は「急ぐこと」「はやる気持ち」(名詞) という意味ですから、J'ai hâte de ＋ (動詞の原形) で「早く～したい」となります。

② **J'ai hâte d'être à demain.**

être à demain で「明日になる」という意味です。正確には être「～にいる」、à demain「明日に」と分解されます。

③ **J'ai hâte de la voir.**

la「彼女に」、voir「会う」のように動詞の目的語の「彼女に」が動詞の直前に出ます。日本語と語順が同じです。

④ **J'ai hâte de visiter la France.**
⑤ **J'ai hâte de rentrer au Japon.**

visiter「訪れる」や rentrer「帰る」は語尾が er で終わり、第一群規則動詞 (er 型規則動詞) と呼ばれて、フランス語の動詞のほぼ 9 割を占めています。

⑦ **J'ai hâte d'aller voir ce film.**

aller voir で「見に行く」です。動詞 aller は後に動詞の原形を従えて「～しに行く」の意味になります。

⑧ **J'ai hâte de voyager en Europe.**
⑨ **J'ai hâte de goûter ce plat.**

voyager も goûter も第一群規則動詞 (er 型規則動詞) です。
plat は「皿」ですが個々の「料理」の意味で使います。

(1) **Venez en toute hâte.**
大急ぎで来てください。

(2) **Ne travaillez pas en toute hâte.**
急いで仕事をしないで。

(3) **Il me tarde de te voir.**
早く君に会いたいな。

(4) **Il me tarde de prendre un pot.**
早く一杯やりたいな。

［解説］

(1) Venez en toute hâte. 　(2) Ne travaillez pas en toute hâte.

en toute hâte「大急ぎで」という意味です。

venez は venir の命令形、ne travaillez pas は travailler の否定命令形です。

(3) Il me tarde de te voir. 　(4) Il me tarde de prendre un pot.

tarder は「遅れる」「ぐずぐずする」の意味ですが、非人称の構文として Il me tarde de ＋(動詞の原形)で「私にとって～が待ちきれない」となります（il は「彼は」の意味ですが、ここでは「彼」を指さず、非人称構文と呼びます）。

te voir は「君に会う」、un pot は「(酒の)一杯」です。

J'ai l'intention de +(動詞の原形).

パターン **17**

「私は〜するつもりです」

J'ai l'intention de sortir ce soir.

今夜は出かけるつもりです。

英 *I intend to go out tonight.*

ai; avoir「持つ」の現在形。 intention「意図」「意向」 sortir「外出する」 ce soir「今夜」

● **基本例文**

017

① J'ai l'intention de déménager la semaine prochaine.
私は来週引っ越すつもりです。

② J'ai l'intention d'étudier l'art en France.
私はフランスで美術を学ぶつもりです。

③ J'ai l'intention de séjourner ici un certain temps.
私はここにしばらく滞在するつもりです。

④ J'ai l'intention de rester à la maison ce week-end.
私はこの週末は家にいるつもりです。

⑤ J'ai l'intention de passer mes vacances au Japon.
私は日本でバカンスを過ごすつもりです。

⑥ J'ai l'intention de donner une soirée.
私はパーティを開くつもりです。

⑦ J'ai l'intention de voir ma petite amie ce soir.
私は今夜は恋人に会うつもりです。

⑧ J'ai l'intention de faire un voyage en Angleterre.
私はイギリスに旅行するつもりです。

⑨ J'ai l'intention de divorcer pour certaines raisons.
私は訳あって離婚するつもりです。

⑩ J'ai l'intention de me marier bientôt.

私はじき結婚するつもりです。

● 基本例文の用法

① J'ai l'intention de déménager la semaine prochaine.

déménager は第一群規則動詞（er 型規則動詞）で「引っ越す」、la semaine prochaine は「来週」です。

② J'ai l'intention d'étudier l'art en France.

étudier は「学ぶ」、en France は「フランスで」の意味です。en ＋（女性名詞の国名）で「〜で」や「〜へ」となります。一方 au ＋（男性名詞の国名）で同じ表現になります。

例えば、
en Chine「中国で（へ）」、en Italie「イタリアで（へ）」
en Espagne「スペインで（へ）」
au Japon「日本で（へ）」、au Canada「カナダで（へ）」
au Sénégal「セネガルで（へ）」

③ J'ai l'intention de séjourner ici un certain temps.

un certain temps「しばらく」の意味です。

④ J'ai l'intention de rester à la maison ce week-end.

⑤ J'ai l'intention de passer mes vacances au Japon.

⑥ J'ai l'intention de donner une soirée.

rester「とどまる」 passer「過ごす」 donner「与える」などはいずれも第一群規則動詞（er 型規則動詞）です。

⑦ J'ai l'intention de voir ma petite amie ce soir.

⑧ J'ai l'intention de faire un voyage en Angleterre.

voir「見る」「会う」や faire「する」も日常よく使われますが、不規則動詞です。

⑨ J'ai l'intention de divorcer pour certaines raisons.

　pour certaines raisons 「ある理由のために」で「訳あって」の意味になります。
divorcer「離婚する」です。

⑩ J'ai l'intention de me marier bientôt.

　me marier で「結婚する」です。bientôt で「じき」です。

● 発展例文と用法

017

(1) Je n'ai pas l'intention de recommencer.
　もう、こりごりさ。

(2) Je n'ai pas l'intention d'insister.
　こだわる気はないよ。

［解説］

(1) Je n'ai pas l'intention de recommencer.

　recommencer は「また始める」の意味ですから「また始めようという気はない」から「もう、こりごりさ」となります。

(2) Je n'ai pas l'intention d'insister.

　insister は「強調する」の意味ですから「こだわる気はないよ」となります。

パターン 18

Je n'ai qu'à + (動詞の原形).

「私は〜するだけでいいのです」

Je n'ai qu'à manger un peu.

私は少し食べるだけでいいのです。

英 *I have only to eat a little.*

ai; avoir「持つ」の現在形。n'ai qu'à 〜「〜するだけでいい」 manger「食べる」 un peu「少し」

● 基本例文

018

① Je n'ai qu'à voir un peu.
ちょっと見るだけでいいのです。

② Je n'ai qu'à te voir un peu.
君にちょっと会うだけでいいのです。

③ Je n'ai qu'à le voir un peu.
彼にちょっと会うだけでいいのです。

④ Je n'ai qu'à la voir un peu.
彼女にちょっと会うだけでいいのです。

⑤ Je n'ai qu'à te regarder.
私はあなたを見ているだけでいいの。

⑥ Je n'ai qu'à dormir un peu.
少し寝るだけでいいのです。

⑦ Je n'ai qu'à me reposer un peu.
ちょっと休むだけでいいのです。

⑧ Je n'ai qu'à me promener un peu.
少し散歩をするだけでいいのです。

⑨ Je n'ai qu'à boire un peu de bière.
少しビールを飲むだけでいいのです。

⑩ Je n'ai qu'à boire un peu de vin.
少しワインを飲むだけでいいのです。

●─ **基本例文の用法**

① Je n'ai qu'à voir un peu.

　元々は構文 avoir à 〜「〜しなければならない」(ここでは主語が je だから j'ai à 〜)の avoir である ai を ne 〜 que「〜しかない」で挟んだものですから、英語の *have only to* 〜「〜するだけでよい」にそっくりです。Je n'ai qu'à ＋ (動詞の原形)と覚えたほうが近道です。

② Je n'ai qu'à te voir un peu.

　「君に会う」の「君に」という直接目的語は te として、動詞の直前に置かれます。③と④の le「彼に」と la「彼女に」も同様です。

⑦ Je n'ai qu'à me reposer un peu.

⑧ Je n'ai qu'à me promener un peu.

　me reposer と me promener はいずれもフランス語には多い、代名動詞と呼ばれるものです。「私を休ませる」や「私を散歩させる」が直訳で、「休む」「散歩する」の意味になります。

⑨ Je n'ai qu'à boire un peu de bière.

　この boire「飲む」は prendre (「飲む」や「食べる」の意味でも使います)と置いてもかまいません。

(1) Tu n'as qu'à marcher un peu.
君は少し歩くだけでいいのです。

(2) Tu n'as qu'à me suivre.
君は僕についてくるだけでいいんだ。

［解説］

(1) Tu n'as qu'à marcher un peu.

　主語が tu ですから動詞は as となるので、Je n'ai qu'à 〜の構文は Tu n'as qu'à 〜となります。(2)も同様です。

パターン 19 **J'aime~.**
「私は~が好きです」

J'aime les chiens.
私は犬が好きです。

英 *I like dogs.*

aime; aimer「愛する」の現在形。 les chiens「犬」（複数）

● **基本例文**

 019

① J'aime les chats.
私はネコが好きです。

② J'aime le café.
私はコーヒーが好きです。

③ J'aime le thé.
私は紅茶が好きです。

④ J'aime le vin.
私はワインが好きです。

⑤ J'aime le vin rouge.
私は赤ワインが好きです。

⑥ J'aime le vin blanc.
私は白ワインが好きです。

⑦ J'aime le Japon.
私は日本が好きです。

⑧ J'aime la France.
私はフランスが好きです。

⑨ Je n'aime pas tellement la viande.
私は肉があまり好きではありません。

⑩ Je n'aime pas tellement mon supérieur.
私は上司があまりが好きではありません。

●─ 基本例文の用法

① J'aime les chats.

　aimer「愛する」は第一群規則動詞（er 型規則動詞）です。ちなみに英語の *love*「愛する」や *like*「好き」と比較したとき *like* にあたる動詞はありません。

j'aime	「私は愛する」
tu aimes	「君は愛する」
il aime	「彼は愛する」
elle aime	「彼女は愛する」
nous aimons	「私たちは愛する」
vous aimez	「あなた（たち）は愛する」
ils aiment	「彼たちは愛する」
elles aiment	「彼女たちは愛する」

と活用します。

⑤ J'aime le vin rouge.

　「赤ワイン」は le vin rouge で「赤い」という形容詞が名詞の後ろからかかります。⑥の「白ワイン」も同様に blanc「白い」という形容詞が後ろから前にかかっています。

⑦ J'aime le Japon.

　フランス語では国名もすべて男性名詞か女性名詞になります。Japon は男性名詞、France は女性名詞ですから定冠詞をつけて le Japon そして⑧では la France となります。

⑨ Je n'aime pas tellement la viande.

　pas tellement で「あまり～ではない」という意味になります。⑩でも使われています。aime は ne ～ pas で挟んで n'aime pas となります。

● 発展例文と用法 *019*

(1) Ça me plaît, cette cravate.
このネクタイが気に入りました。

(2) Ça me plaît, ce pantalon.
このズボンが気に入りました。

(3) Ça te plaît, ces plats?
ここの料理は気に入った？

[解説]

(1) Ça me plaît, cette cravate.

（パターン 46）に見るように plaît は原形が plaire の三人称単数形です。plaire à ～で「～の気に入る」です。「私の気に入る」は me plaît となります。(1) の直訳は「それは私の気に入っている」で、「それ」を文の最後に cette cravate「このネクタイ」と明示しています。フランス語お得意の文型です。

(3) Ça te plaît, ces plats?

「君の気に入る」は te plaît となります。文型は (1) と同様です。plat は（パターン 16）p.61 で見たように「大皿」の意味以外に「（皿に盛った）料理」で使われます。

ces「これらの」は ce（指示形容詞「この」）の複数名詞（男性名詞・女性名詞どちらも）にかかる形です。

(1)は cette ＋（女性単数名詞）、(2)は ce ＋（男性単数名詞）で「この～」です。

パターン 20

J'aime + （動詞の原形）．
「私は〜するのが好きです」

J'aime nager.
私は泳ぐのが好きです。

英 *I like to swim.*

aime; aimer「愛する」の現在形。　　nager「泳ぐ」

● ― 基本例文　　　　　　　　　　　　　　　　　　　*020*

① J'aime voyager.
私は旅をするのが好きです。

② J'aime manger.
私は食べるのが好きです。

③ J'aime lire.
私は読書が好きです。

④ J'aime marcher.
私は歩くのが好きです。

⑤ J'aime regarder le foot.
私はサッカー観戦が好きです。

⑥ J'aime regarder jouer des enfants.
私は子供が遊んでいるのを見るのが好きです。

⑦ J'aime travailler.
私は仕事が好きです。

⑧ J'aime me reposer.
私はゆったりするのが好きです。

⑨ J'aime t'écouter.
私は君の話を聞くのが好きです。

⑩ Je n'aime pas attendre.
私は待つのは好きではありません。

●— 基本例文の用法

① J'aime voyager.

aimer は後ろに名詞が来てもいいし、動詞の原形も来ることができます。とても便利な言葉です。

①〜⑨に表れている nager「泳ぐ」、voyager「旅行をする」、manger「食べる」、marcher「歩く」、regarder「見る」、travailler「働く」、me reposer「休む」écouter「聞く」はすべて第一群規則動詞（er 型規則動詞）です。

⑥ J'aime regarder jouer des enfants.

「子供たち(des enfants) が遊んでいる(jouer) のを見る(regarder)」は regarder jouer des enfants ですが regarder des enfants jouer （英語の語順と同じ）としてもかまいません。

●— 発展例文と用法

020

(1) Vous aimez faire du shopping?
あなたはショッピングが好きですか？

(2) Vous aimez regarder la télé?
あなたはテレビを見るのが好きですか？

(3) Tu aimes faire du sport?
君はスポーツをするのが好き？

［解説］

(1) Vous aimez faire du shopping?

（パターン19）の aimer の活用を生かすと Vous や Tu が主語の場合も問いの文章が上のように作れます。(3) Tu aimes faire du sport? の faire は「〜する」の意味です。

パターン 21 J'aimerais +(動詞の 原形).

「私は〜したく思います」

J'aimerais vous revoir.
私はまたあなたに会いたいです。

英 *I would love to see you again.*

aimerais；aimer「愛する」の条件法現在形。vous revoir「あなたにまた会う」

● 基本例文

021

① J'aimerais te revoir.
私はまた君に会いたいな。

② J'aimerais visiter la France.
私はフランスに行きたいな。

③ J'aimerais aller au Japon.
私は日本に行きたいな。

④ J'aimerais goûter la cuisine française.
私はフランス料理を食べてみたいな。

⑤ J'aimerais goûter la cuisine japonaise.
私は和食を食べてみたいな。

⑥ J'aimerais aller voir un opéra.
私はオペラを見に行きたいな。

⑦ J'aimerais aller écouter un concert.
私はコンサートを聴きに行きたいな。

⑧ J'aimerais parler avec lui à nouveau.
私はまた彼と話がしたいな。

⑨ J'aimerais monter à la tour Eiffel encore une fois.
私はまたエッフェル塔にのぼってみたいな。

⑩ **J'aimerais monter à l'arc de Triomphe de nouveau.**

私はまた凱旋門にのぼってみたいな。

● 基本例文の用法

① **J'aimerais te revoir.**

j'aimerais は j'aime に比べると柔らかい表現（これを条件法といいます）となり、「〜してみたいな」というほどの意味です。英語で言えば *I would love to*〜といった感じでしょうか。

④ **J'aimerais goûter la cuisine française.**

⑤ **J'aimerais goûter la cuisine japonaise.**

goûter は「味わう」「味見する」という意味です。

⑥ **J'aimerais aller voir un opéra.**

⑦ **J'aimerais aller écouter un concert.**

aller ＋（動詞の原形）で「〜しに行く」でこれも便利な表現です。

⑧ **J'aimerais parler avec lui à nouveau.**

⑨ **J'aimerais monter à la tour Eiffel encore une fois.**

⑩ **J'aimerais monter à l'arc de Triomphe de nouveau.**

à nouveau, encore une fois, de nouveau, はいずれも「もう一度」という意味です。

monter à 〜で「〜にのぼる」です。

凱旋門の上にのぼれるのはご存じですか？

(1) J'aimerais que tu sois là.
君にいてもらいたいんだ。

(2) J'aimerais que tu viennes avec moi.
君に一緒に行ってほしいんだ。

［解説］

(1) J'aimerais que tu sois là.

　J'aimerais の後に動詞の原形ではなく que ＋ (主語) ＋（動詞の接続法）の形を持ってくることができ、「～したいんだ」の意味を表します。ここでは tu sois が tu es「君がいる」の接続法現在形です。

(2) J'aimerais que tu viennes avec moi.

　ここも J'aimerais que ＋（接続法の入った文）です。tu viennes は tu viens「君は来る」の接続法現在形です。

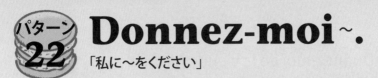

パターン 22 **Donnez-moi ~.**

「私に〜をください」

Donnez-moi un kilo de tomates, s'il vous plaît.

すみません、トマトを 1 キロください。

英 *Give me a kilo of tomatoes, please.*

Donnez; donner「与える」の命令形。un kilo de 〜「1 キロの〜」 s'il vous plaît「お願いします」

● **基本例文**

022

① **Donnez-moi ça, s'il vous plaît.**
すみません、それをください。

② **Donnez-moi un kilo de pommes, s'il vous plaît.**
すみません、リンゴを 1 キロください。

③ **Donnez-moi un kilo de pommes de terre, s'il vous plaît.**
すみません、ジャガイモを 1 キロください。

④ **Donnez-moi un kilo de cerises, s'il vous plaît.**
すみません、さくらんぼを 1 キロください。

⑤ **Donnez-moi une livre de filet de bœuf, s'il vous plaît.**
すみません、牛肉のフィレを 500 グラムください。

⑥ **Donnez-moi une livre de fraises, s'il vous plaît.**
すみません、イチゴを 500 グラムください。

⑦ **Donnez-moi une tranche de thon.**
マグロの切り身を一切れください。

⑧ **Donnez-moi trois tranches de jambon.**
ハムを 3 枚ください。

⑨ **Donnez-moi un peu de fromage.**
チーズを少しください。

⑩ Donnez-moi de la viande hachée.

ひき肉をください。

● 基本例文の用法

① Donnez-moi ça, s'il vous plaît.

donner「与える」も基本的な第一群規則動詞ですから、応用範囲が広いです。ここにある Donnez は命令形です。

je donne	「私は与える」
tu donnes	「君は与える」
il donne	「彼は与える」
elle donne	「彼女は与える」
nous donnons	「私たちは与える」
vous donnez	「あなた(たち)は与える」
ils donnent	「彼らは与える」
elles donnent	「彼女たちは与える」

のように活用します。Donnez-moi ça は物を指さして「それをください」という便利な表現です。s'il vous plaît は英語に直訳すれば *if it pleases you*（もしそれがよければ）＝ *please*（どうぞ）です。

② Donnez-moi un kilo de pommes, s'il vous plaît.

un kilo de 〜で「1 キロの〜」となります。pommes は「リンゴ」で、③にあるように pommes de terre は「土の中のリンゴ」で、これが「ジャガイモ」となります。不思議です。

⑤ Donnez-moi une livre de filet de bœuf, s'il vous plaît.

une livre de 〜は「500 グラムの〜」です。un livre だと「本」の意味です。ご注意を。

⑦ Donnez-moi une tranche de thon.

une tranche de 〜で「一切れの〜」です。thon「まぐろ」はフランスでもとてもおいしいです。

⑨ Donnez-moi un peu de fromage.

un peu de 〜で「少量の〜」です。

● ― 発展例文と用法   022

(1) **Donnez-le-moi.**
それをください。

(2) **Donnez-la-moi.**
それをください。

(3) **Donnez-les-moi.**
それをください。

(4) **Donnez-m'en.**
それをください。

[解説]

(1) **Donnez-le-moi.**

指し示している物が男性名詞だったら le として上のように言ってください。
男性名詞か女性名詞かわからなければ ça として Donnez-moi ça とすれば問題
ありません。以下も同様です。

(2) **Donnez-la-moi.**

指し示している物が女性名詞だったら la として上のように言ってください。

(3) **Donnez-les-moi.**

指し示している物が複数名詞だったら les として上のように言ってください。

(4) **Donnez-m'en.**

ワイン(液体など数えられないもの)を少し欲しい時に使います。

パターン 23 Donnez-moi ~.
「私に〜を教えてください」

Donnez-moi votre numéro de portable.
あなたの携帯番号を教えてください。

英 *Tell me your cellphone number.*

Donnez; donner「教える」の命令形。　votre「あなたの」　numéro de portable「携帯番号」

● 基本例文

023

① Donnez-moi votre numéro de téléphone, s'il vous plaît.
すみません、あなたの電話番号を教えてください。

② Donnez-moi votre adresse, s'il vous plaît
すみません、あなたの住所を教えてください。

③ Donnez-moi votre adresse électronique, s'il vous plaît.
すみません、あなたの e メールアドレスを教えてください。

④ Donnez-moi l'heure, s'il vous plaît.
すみません、今、何時でしょうか？

⑤ Donnez-moi votre nom et prénom.
あなたの姓名を教えてください。

⑥ Donnez-moi votre avis.
あなたの意見を聞かせてください。

⑦ Donnez-moi l'exemple.
例を言ってください。

⑧ Donnez-moi les explications.
説明してください。

⑨ Donnez-moi les détails.
詳しく聞かせてください。

⑩ **Donnez-moi des nouvelles de Gérard.**
ジェラールの消息を聞かせてください。

●― 基本例文の用法

① Donnez-moi votre numéro de téléphone, s'il vous plaît.

donner は「与える」「あげる」のほかに情報や知識などを「伝える」「教える」「示す」の意味があり、多くの表現が可能になります。①は「教える」の意味です。

④ Donnez-moi l'heure, s'il vous plaît.

l'heure は英語では *hour*「1 時間」ですが、ここでは *time*「時刻」の意味で使われています。

⑥ Donnez-moi votre avis.

ここでは、「意見」(=avis)を「言う」(=Donnez)という意味で使われています。

⑦ Donnez-moi l'exemple.

ここでは、「例」(= l'exemple)を「挙げる」(= Donnez)の意味で使われています。

⑧ Donnez-moi les explications.

ここでは、Donnez は「(説明を)する」の意味で使われています。

⑨ Donnez-moi les détails.

「詳細」(= détails)を「報告する」(= Donnez)ですから「詳しく聞かせる」となります。

⑩ Donnez-moi des nouvelles de Gérard.

「消息」(= nouvelles)を「報告する」(= Donnez)ですから、「消息を聞かせる」となります。

(1) Tu me donnes ton numéro de téléphone?
君の電話番号を教えてくれる？

(2) Tu me donnes ton avis?
君の意見を教えてくれる？

(3) Tu me donnes tes nouvelles?
君の近況を教えてくれる？

［解説］

(1) Tu me donnes ton numéro de téléphone?

　donner の活用を使えば tu donnes となりますから、「私に」の me を動詞の前に置いて、上記のようになります。相手に頼む表現が増えます。(2) と (3) も同様です。donner の活用表は（パターン 22）にあります。

パターン 24 Je pense que + (文).
「私は〜だと思います」

Je pense que c'est vrai.
それはほんとうだと思います。

英 *I think this is true.*

pense；penser「思う」の現在形。 c'est 〜「それは〜だ」 vrai「真実の」

●— 基本例文

024

① **Je pense que c'est très bon.**
これはとてもおいしいと思います。

② **Je pense que c'est chic.**
これはおしゃれだと思います。

③ **Je pense que c'est cher.**
これは高いと思います。

④ **Je pense que c'est peu cher.**
これは安いと思います。

⑤ **Je pense que tout va bien.**
すべて順調だと思います。

⑥ **Je pense que vous avez raison.**
あなたは正しいと思います。

⑦ **Je pense que vous êtes belle.**
あなたは美しいと思います。

⑧ **Je pense que tu es belle.**
君は美しいと思うよ。

⑨ **Je pense que je suis fatigué(e).**
私は疲れたようです。

⑩ **Je pense que je suis malade.**
私は病気のようです。

●─ 基本例文の用法

① Je pense que c'est très bon.

　Je pense que 〜「〜だと思います」で自分の意見を様々に言うことができます。que は英語では *that*（接続詞）相当ですが、*that* と違って省略しません。

③ Je pense que c'est cher.

　cher は「愛しい」という意味のほかに「高価な」という意味もあります。

④ Je pense que c'est peu cher.

　「安価な」という一語だけの形容詞はフランス語にはなくて peu cher「あまり高くない」という言い方をします。

⑤ Je pense que tout va bien.

　tout は「すべてのこと」、そして aller が va（三人称単数形）と変化して「調子よくいく」の意味です。

⑥ Je pense que vous avez raison.

　（人）＋ avoir raison で「正しい」の意味です。

⑦ Je pense que vous êtes belle.

　belle「美しい」は beau の女性形です。「彼はハンサムだ」なら Il est beau. となります。

⑨ Je pense que je suis fatigué(e).

　fatigué は「疲れた」という意味の形容詞で、女性形なら fatiguée となります。「彼女は疲れている」は Elle est fatiguée. です。

●— 発展例文と用法   024

(1) Je ne pense pas que c'est vrai.
    私はそれはほんとうではないと思う。

(2) Je pense à toi.
    私は君のことを思っている。

(3) Je pense qu'il est fatigué.
    彼は疲れていると思う。

(4) Je pense qu'elle est belle.
    彼女は美しいと思う。

［解説］

(1) Je ne pense pas que c'est vrai.

　「私はそれはほんとうではないと思う」は Je pense que ce n'est pas vrai. とは
あまり言わず、フランス語は文の構造上なるべく早く否定をしてしまいますか
ら、Je ne pense pas que c'est vrai. の言い方になります。

(2) Je pense à toi.

　penser à ＋【(人)や(事)】で「〜のことを思う」となります。

(3) Je pense qu'il est fatigué.

　que の後に il や elle などの母音で始まる語が来ると、qu'il や (4) のように
qu'elle（母音消失）のようになります。

Je vais à~.
「私は~に行きます」

Je vais à l'école.
私は学校に行きます。

英 *I go to school.*

vais；aller「行く」の現在形。　à ~「~へ」　l'école「学校」

● **基本例文**

① Je vais à l'église.
私は教会に行きます。

② Je vais à la mer.
私は海に行きます。

③ Je vais à la montagne.
私は山に行きます。

④ Je vais à la maison.
私は家に帰ります。

⑤ Je vais à la gare.
私は駅に行きます。

⑥ Je vais au marché.
私は朝市に行きます。

⑦ Je vais au supermarché.
私はスーパーに行きます。

⑧ Je vais au club.
私はジムに行きます。

⑨ Je vais au Japon.
私は日本に行きます。

⑩ Je vais en France.
私はフランスに行きます。

●— 基本例文の用法

① Je vais à l'église.

　à l' ＋（母音で始まる名詞）で、「～へ」の意味になります。この場合の名詞は
男性名詞、女性名詞に関係ありません。

　aller「行く」の活用は以下の通りです。

je vais	「私は行く」
tu vas	「君は行く」
il va	「彼は行く」
elle va	「彼女は行く」
nous allons	「私たちは行く」
vous allez	「あなた（たち）は行く」
ils vont	「彼たちは行く」
elles vont	「彼女らは行く」

② Je vais à la mer.

　à la ＋（母音で始まらない女性名詞）で、「～へ」の意味になります。

⑥ Je vais au marché.

　au ＋（母音で始まらない男性名詞）で、「～へ」の意味になります。

⑨ Je vais au Japon.

　au ＋（男性名詞の国名）で、「～の国へ」の意味です。

⑩ Je vais en France.

　en ＋（女性名詞の国名）で、「～の国へ」の意味です。

(1) J'y vais.
そこに行くよ。

(2) Je m'en vais.
帰るよ。

(3) Allez, au revoir.
じゃ、またね。

[解説]

(1) J'y vais.

y aller で「そこに行く」の意味です。y は英語の *there*（副詞）に当たります。フランス語では動詞の直前に置きます。また、je ＋ y → j'y です。

(2) Je m'en vais.

m'en vais で「去る」（原形では s'en aller）という熟語です。

(3) Allez, au revoir.

allez には「さあさあ」という間投詞の働きがあります。

パターン 26 **Allons!**
「さあさあ」

Allons, ne pleure pas.
さあさあ、泣かないで。

英 *Come on, don't cry.*

Allons; aller「行く」の命令形。ne 〜 pas「〜しない」
pleure; pleurer「泣く」（原形）の tu（君）に対する命令形。

● **基本例文**

026

① **Allons, ne pleurez pas.**
さあさあ、泣かないでください。

② **Allons, ne pleurez plus.**
さあさあ、もう泣かないでください。

③ **Allons, ne mens pas.**
さあさあ、嘘はつかないで。

④ **Allons, ne mentez pas.**
さあさあ、嘘はつかないでください。

⑤ **Allons, n'aie pas peur.**
さあさあ、怖がらないで。

⑥ **Allons, n'ayez pas peur.**
さあさあ、怖がらないでください。

⑦ **Allons, dis-moi la vérité.**
さあさあ、本当のことを言って。

⑧ **Allons, dites-moi votre impression.**
さあさあ、あなたの印象を言ってください。

⑨ **Allons, amusons-nous.**
さあさあ、楽しもうよ。

⑩ **Allons, raconte!**
さあさあ、話して。

① Allons, ne pleurez pas.

　nous「私たち」に対しての aller「行く」の命令形が allons で「～しましょう」ですが、ここでは「さあさあ」です。vous「あなた（がた）」に対しては pleurer「泣く」の命令形が pleurez。それを ne と pas で挟むと否定の命令形になります。

② Allons, ne pleurez plus.

　pleurez を ne と plus で挟むと「もう～ない」で、「もう泣かないで」になります。

③ Allons, ne mens pas.

　mentir「嘘をつく」の tu「君」に対する命令形は mens です。

④ Allons, ne mentez pas.

　mentir「嘘をつく」の vous「あなた（がた）」に対する命令形は mentez です。

⑤ Allons, n'aie pas peur.

　avoir peur「恐怖を持つ」で「怖い」の意味です。動詞 avoir は tu「君」に対する命令形として aie の形となります。

⑥ Allons, n'ayez pas peur.

　avoir「持つ」の vous「あなた（がた）に対する命令形は ayez です。

⑦ Allons, dis-moi la vérité.

　dire「言う」の tu「君」に対する命令形は dis です。moi は「私に」。

⑧ Allons, dites-moi votre impression.

　dire「言う」の vous「あなた（がた）」に対する命令形は dites です。

⑨ Allons, amusons-nous.

　amuser「楽しませる」、amusons-nous「我々を楽しませよう」で「楽しもう」です。

⑩ Allons, raconte!

　raconte は raconter「語る」の tu「君」に対する命令形です。

● **発展例文と用法**

026

(1) **Allons, donc!**
冗談じゃない。

(2) **Allons, bon.**
やれやれ。

(3) **Allons, on y va.**
さあ、帰ろうか。

(4) **Allons, on s'arrête.**
さあ、このへんでやめよう。

(5) **Allez, circulez.**
さあ、立ち止まらないで進んでください。

[解説]

(1) **Allons, donc!**

donc は「まさか」といった意味です。

(2) **Allons, bon.**

ここでは bon は驚きやいらだちを間投詞的に表しています。「困った」というニュアンスです。

(3) **Allons, on y va.**

on y va で「そこへ行こう」あるいは「帰ろう」の意味です。on は一般的に「人」を表したり、この場合のように「私たち」にもなったりします。y は「そこへ」の意味です。

(4) **Allons, on s'arrête.**

s'arrêter で「止まる」や「やめる」の意味です。
on は三人称単数として扱います。

(5) **Allez, circulez.**

原形 circuler は「循環する」「流れる」の意味です。Allez も Allons とほぼ同じニュアンスで使われます。

パターン 27 Je viens de~.

「私は〜から来ました」

Je viens de Paris.

私はパリから来ました。

英 *I come from Paris.*

viens；venir「来る」の現在形。 de Paris「パリから」「パリの」

● **基本例文**

① **Je viens de France.**
私はフランスから来ました。

② **Je viens du Canada.**
私はカナダから来ました。

③ **Je viens de Londres.**
私はロンドンから来ました。

④ **Je viens du Japon.**
私は日本から来ました。

⑤ **Je viens de Chine.**
私は中国から来ました。

⑥ **Je viens du Brésil.**
私はブラジルから来ました。

⑦ **Je viens du sud.**
私は南のほうから来ました。

⑧ **Je viens de chez Paul.**
ポールのところに行っていたんだ。

⑨ **Je viens de la part de Paul.**
ポールの代理で来ました。

⑩ **Je viens de la part de mes parents.**
両親の代理で来ました。

● **基本例文の用法**

① **Je viens de France.**

de のあとが女性名詞の国名の場合 de ＋（無冠詞の国名）となります。

venir は不規則動詞で、活用は以下のとおりです。

je viens	「私は来る」	**nous venons**	「私たちは来る」
tu viens	「君は来る」	**vous venez**	「あなた（たち）は来る」
il vient	「彼は来る」	**ils viennent**	「彼たちは来る」
elle vient	「彼女は来る」	**elles viennent**	「彼女たちは来る」

② **Je viens du Canada.**

de のあとが男性名詞の国名の場合 de ＋ le（国名）なので du ＋（国名）となります。

③ **Je viens de Londres.**

de のあとが都市名の場合 de ＋（無冠詞の都市名）です。

④ **Je viens du Japon.**

de のあとが男性名詞の国名の場合 du ＋（国名）となります。②と同様です。

⑤ **Je viens de Chine.**

de のあとが女性名詞の国名の場合 de ＋（無冠詞の国名）となります。これは①と同様です。

⑥ **Je viens du Brésil.**

②④と同様に du ＋（国名）となります。

⑦ **Je viens du sud.**

sud は男性名詞なので②④⑥などと同様に du sud となります。

⑧ **Je viens de chez Paul.**

chez Paul で「ポールの家で」という意味ですが、de の後におくと「ポールの家から」の意味になります。

⑨ Je viens de la part de Paul.

la part de 〜「〜の代理」という意味です。⑩も同様です。

● 発展例文と用法　　　　　　　　　　　　　　　027

(1) Il vient d'une bonne famille.
彼は良家の出だ。

(2) Il vient d'où?
彼は出身はどこ？

[解説]

(1) Il vient d'une bonne famille.

Il が主語だと、原形 venir は vient となります。de + une で d'une とします。

(2) Il vient d'où?

d'où は「どこから」の意味です。

パターン 28

Je viens ＋（動詞の原形）．

「私は〜しに来ます」

Je viens te chercher.
君を迎えに行きます。

英 *I will come to pick you up.*

viens：venir「来る」の現在形。 te「君を」 chercher「探し求める」

●― **基本例文**

028

① **Je viens te chercher à la gare.**
駅まで迎えに行くよ。

② **Je viens te chercher à l'aéroport.**
空港まで迎えに行くよ。

③ **Je viens te chercher en voiture.**
クルマで迎えに行くよ。

④ **Je viens déjeuner avec toi.**
君とランチしに行くよ。

⑤ **Je viens dîner avec toi.**
君とディナーしに行くよ。

⑥ **Je viens parler avec vous.**
あなたとのお話に参ります。

⑦ **Je viens te dire bonjour.**
顔を見に行くよ。

⑧ **Je viens vous remercier.**
お礼に参ります。

⑨ **Je viens te voir demain.**
明日、君に会いに行くよ。

⑩ **Je viens te voir à l'hôpital.**
お見舞いに行くよ。

95

① **Je viens te chercher à la gare.**

Je viens ＋（動詞の原形）ですが te chercher は「君を探しに来る」という直訳になります。à la gare で「駅に」。

② **Je viens te chercher à l'aéroport.**

à l'aéroport で「空港に」です。

③ **Je viens te chercher en voiture.**

en voiture で「クルマで」の意味です。

④ **Je viens déjeuner avec toi.**

déjeuner で「ランチする」の意味です。動詞です。

⑤ **Je viens dîner avec toi.**

dîner で「夕食を食べる」という動詞です。

⑦ **Je viens te dire bonjour.**

te dire bonjour で「君にこんにちはを言いに来る」ですから「顔を見に行く」という日本語になるでしょう。ここは「顔を見に来たよ」とも訳せます。

⑧ **Je viens vous remercier.**

remercier は「感謝する」という動詞です。ここは「お礼に来ました」とも訳せます。

⑩ **Je viens te voir à l'hôpital.**

te voir à l'hôpital「病院に君に会いに来る」で「お見舞いに行く」となります。

●─ 発展例文と用法

028

(1) **Viens m'aider.**

手伝いに来て。

(2) **Gérard, viens voir!**

ジェラール、ちょっと見に来てみて。

［解説］

　いずれの例も viens（venir「来る」）の命令形＋動詞の原形で「〜しに来て」の意味になります。m'aider は「私を助ける」、voir は「見る」です。

パターン 29 Je choisis~.

「私は～を選びます」

Je choisis ce sac.
私はこのバッグを選びます。

英 *I choose this bag.*

choisis ; choisir「選ぶ」の現在形。　ce sac「このバッグ」

●─ 基本例文

029

① **Je choisis cette cravate.**
私はこのネクタイを選びます。

② **Je choisis cette veste.**
私はこのジャケットを選びます。

③ **Je choisis ce foulard.**
私はこのスカーフを選びます。

④ **Je choisis cette jupe.**
私はこのスカートを選びます。

⑤ **Je choisis un bon métier.**
私は良い職業を選びます。

⑥ **Je choisis un bon cadeau.**
私は良いプレゼントを選びます。

⑦ **Je choisis un bon livre.**
私は良い本を選びます。

⑧ **Je choisis une robe blanche.**
私は白いドレスを選びます。

⑨ **Je choisis le rouge.**
私は赤いのを選びます。

⑩ **Je choisis mon successeur.**
私は私の後継者を選びます。

●─ 基本例文の用法

┌─────────────────────────────────────┐
① **Je choisis cette cravate.**
└─────────────────────────────────────┘

　原形 choisir「選ぶ」は第二群規則動詞（ir 型規則動詞）といい、次のように活用します。

┌───┐
je choisis	「私は選ぶ」
tu choisis	「君は選ぶ」
il choisit	「彼は選ぶ」
elle choisit	「彼女は選ぶ」
nous choisissons	「私たちは選ぶ」
vous choisissez	「あなた（たち）は選ぶ」
ils choisissent	「彼たちは選ぶ」
elles choisissent	「彼女たちは選ぶ」
└───┘

　cette ＋（女性名詞単数）で「この〜」です。

┌─────────────────────────────────────┐
③ **Je choisis ce foulard.**
└─────────────────────────────────────┘

　ce ＋（男性名詞単数）で「この〜」です。

┌─────────────────────────────────────┐
⑤ **Je choisis un bon métier.**
└─────────────────────────────────────┘

　bon「良い」は名詞の前に置く形容詞です。⑥ ⑦も同様です。

┌─────────────────────────────────────┐
⑧ **Je choisis une robe blanche.**
└─────────────────────────────────────┘

　blanche「白い」は名詞の後ろに置く形容詞です。robe が女性名詞ですから、女性形の形容詞を用います。かかる名詞が男性名詞なら、blanc となります。

┌─────────────────────────────────────┐
⑨ **Je choisis le rouge.**
└─────────────────────────────────────┘

　le rouge で「赤いもの」の意味です。

┌─────────────────────────────────────┐
⑩ **Je choisis mon successeur.**
└─────────────────────────────────────┘

　mon successeur「私の後継者」です。

(1) Choisis ce que tu veux.

君が欲しいものを選びなさい。

(2) Qu'est-ce que vous choisissez comme boisson?

お飲み物は何になさいますか？

[解説]

(1) Choisis ce que tu veux.

choisis は choisir の tu に対する命令形です。ce que tu veux で「君の欲する
もの」(*what you want*)の意味です。

(2) Qu'est-ce que vous choisissez comme boisson?

Qu'est-ce que で「何を」(*what* 相当の目的格)、comme boisson で「飲み物と
して」の意味になります。

パターン 30

Je finis + (名詞).

「私は〜を終えます」

Je finis le travail.

私は仕事を終えます。

英 I finish the work.

finis；finir「終える」の現在形。 le travail「その仕事」

● — 基本例文

030

① **Je finis un livre.**
私は本を読み終えます。

② **Je finis une lettre.**
私は手紙を書き終えます。

③ **Je finis mon travail.**
私は仕事を終えます。

④ **Je finis mon discours.**
私はスピーチを終えます。

⑤ **Je finis mon repas.**
私は食事を終えます。

⑥ **Je finis mes études.**
私は学業を終えます。

⑦ **Je finis mes vacances.**
私は休暇を終えます。

⑧ **Je finis ces chaussures.**
私はこの靴を履きつぶします。

⑨ **Je finis la vaisselle.**
私は皿洗いを終えます。

⑩ **Je finis la lessive.**
私は洗濯を終えます。

●─ 基本例文の用法

① Je finis un livre.

　原形 finir「終える」は choisir 同様に第二群規則動詞（ir 型規則動詞）といい、次のように活用します。

je finis	「私は終える」
tu finis	「君は終える」
il finit	「彼は終える」
elle finit	「彼女は終える」
nous finissons	「私たちは終える」
vous finissez	「あなた（たち）は終える」
ils finissent	「彼たちは終える」
elles finissent	「彼女たちは終える」

　Je finis un livre. なら「本を読み終える」、②のように Je finis une lettre. なら「手紙を書き終える」となります。

⑥ Je finis mes études.

　mes études「私の学業」や⑦の mes vacances「私のバカンス」はこのように名詞を複数形で使います。

⑧ Je finis ces chaussures.

　「この靴を終える」は「履きつぶす」となります。

⑨ Je finis la vaisselle.

　finis la vaisselle で「皿洗いを終える」、⑩の finis la lessive は「洗濯を終える」の意味です。la は定冠詞（英語の *the*）で女性名詞単数につきます。男性名詞単数の前の定冠詞は le です。

● 発展例文と用法

(1) **Je finis mon repas par un café.**
僕は食事の最後はコーヒーです。

(2) **Je finis un rhume.**
私は風邪が治りつつある。

(3) **Finissez ces bavardages!**
おしゃべりはやめなさい。

［解説］

(1) Je finis mon repas par un café.

「私の食事をコーヒーで終える」ですから、「食事の最後はコーヒー」となります。par は「〜によって」（= *by*）の意味です。

(2) Je finis un rhume.

「風邪を終える」ですから「風邪が治りつつある」となります。

(3) Finissez ces bavardages!

Finissez は vous「あなたたち」に対する命令形ですから、「終えなさい」の意味です。

103

31 Je finis de +(動詞の原形).

「私は〜することを終えます」

Je finis de travailler.
私は仕事を終えます。

英 *I finish working.*

finis；finir「終える」の現在形。　travailler「働く」

●—基本例文

031

① Je finis de manger.
私は食べ終えます。

② Je finis de lire.
私は読み終えます。

③ Je finis de déjeuner.
私は昼食を終えます。

④ Je finis de dîner.
私は夕食を終えます。

⑤ Je finis de travailler dur.
私はきつい仕事を終えます。

⑥ Je finis d'écrire une lettre.
私は手紙を書き終えます。

⑦ Je finis de conduire.
私は運転を終えます。

⑧ Je finis de m'inquiéter.
私は心配するのはやめます。

⑨ Je finis de m'ennuyer.
私は退屈するのはやめます。

⑩ Je finis de me plaindre.
私は嘆くのはやめます。

104

●─ 基本例文の用法

---

① **Je finis de manger.**

finis de manger で「食べることを終える」です。

---

③ **Je finis de déjeuner.**

finis de déjeuner で「昼食をとることを終える」です。déjeuner は④の dîner 同様に動詞です。

---

⑤ **Je finis de travailler dur.**

travailler dur で「ひどく働く」が直訳です。

---

⑥ **Je finis d'écrire une lettre.**

de + écrire で d'écrire となります。

---

⑧ **Je finis de m'inquiéter.**

m'inquiéter は「私自身を心配させる」という意味から「心配する」という意味で、代名動詞です。

---

⑨ **Je finis de m'ennuyer.**

m'ennuyer は「私自身を退屈させる」から、「退屈する」となります。やはり代名動詞です。

---

⑩ **Je finis de me plaindre.**

me plaindre も代名動詞で「不平を言う」の意味です。

(1) Laissez-moi finir.
最後まで言わせてください。

(2) Finissez de pleurer.
泣くのはやめなさい。

(3) Il finit par comprendre.
彼は最後にはわかってくれる。

[解説]

(1) Laissez-moi finir.

laisser ＋（動詞の原形）で「〜させておく」の意味です。ここでは finir は「最後まで言う」の意味で使っています。

(2) Finissez de pleurer.

（パターン 30）の発展例文 (3) に見るように Finissez は vous に対する命令形ですから、「終えなさい」の意味です。

(3) Il finit par comprendre.

finit par 〜で「〜で終わる」「〜で終える」の意味ですから「理解することで終える」で「最後にはわかってくれる」となります。par の後ろは名詞も動詞（原形）も来ます。

パターン 32 Je prends ~.

「私は〜を買います」「私は〜に乗ります」

Je prends cette cravate.

私はこのネクタイを買います。

英 *I will buy this tie.*

prends；prendre「買う」「乗る」の現在形。 cette cravate「このネクタイ」

● 基本例文

032

① **Je prends ça.**
それ、買います。

② **Je prends du pain.**
私はパンを買います。

③ **Je prends de la confiture.**
私はジャムを買います。

④ **Je prends de l'essence.**
私はガソリンを入れます。

⑤ **Je prends ce costume.**
私はこのスーツを買います。

⑥ **Je prends l'avion.**
私は飛行機に乗ります。

⑦ **Je prends le bus.**
私はバスに乗ります。

⑧ **Je prends le métro.**
私は地下鉄に乗ります。

⑨ **Je prends le train.**
私は電車に乗ります。

⑩ **Je prends un taxi.**
私はタクシーを拾います。

●─ 基本例文の用法

① Je prends ça.

　原形 prendre は様々な意味で多用される便利な動詞です。①から⑤までは「買う」という意味で使われています。英語では *take* に近いので、意味は「取る」としておきます。活用は以下のようです。

je prends	「私は取る」
tu prends	「君は取る」
il prend	「彼は取る」
elle prend	「彼女は取る」
nous prenons	「私たちは取る」
vous prenez	「あなた（たち）は取る」
ils prennent	「彼たちは取る」
elles prennent	「彼女たちは取る」

② Je prends du pain.

　du pain は「いくらかのパン」という意味ですが、ふつうこのように、かたまり状のものや液体など数えられない名詞に du という部分冠詞をつけて用います。この du は男性名詞の前に置かれます。英語では *some* に当たります。

③ Je prends de la confiture.

　上記で述べた部分冠詞は女性名詞の前では de la「いくらかの」となります。

④ Je prends de l'essence.

　essence「ガソリン」は母音で始まっている単語なので、この時、部分冠詞は男性名詞、女性名詞に関係なく de l' となります。

⑥ Je prends l'avion.

　⑦⑧⑨⑩も同様ですが、prends はこれらの場合「乗る」の意味で使われています。

●─ **発展例文と用法**
032

(1) **Je prends mes vacances.**
私は休暇を取ります。

(2) **Je prends le menu à 20 euros.**
私は 20 ユーロの定食にします。

(3) **Je prends une chambre pour deux semaines.**
私は 2 週間の予定で部屋を借ります。

(4) **Je prends rendez-vous avec elle.**
私は彼女と会う約束をします。

[解説]

(1) Je prends mes vacances.

この場合の prends は「(休暇などを)取る」の意味で使われています。

(2) Je prends le menu à 20 euros.

この場合の prends は「選ぶ」の意味で使われています。le menu は「定食」あるいは「コース料理」の意味で、「メニュー」という意味ではありません。
(パターン 78)にも出てきます。

(3) Je prends une chambre pour deux semaines.

この場合の prends は「借りる」の意味で使われています。

(4) Je prends rendez-vous avec elle.

この場合の prends は「(予約などを)取る」の意味で使われています。

パターン 33 Je mets ~.

「私は~を書きます」「私は~を置きます」

Je mets mon nom ici?

私の名前をここに書くのですか？

英 *I write my name here?*

mets；mettre「書く」「置く」の現在形。mon nom「私の名前」 ici「ここに」

●— 基本例文

033

① **Je mets mon prénom ici?**
私のファーストネームをここに書くのですか？

② **Je mets le prénom de ma femme ici?**
私の妻のファーストネームをここに書くのですか？

③ **Je mets mon adresse ici?**
私の住所をここに書くのですか？

④ **Je mets ma signature ici?**
私の署名をここに書くのですか？

⑤ **Je mets mon numéro de téléphone ici?**
私の電話番号をここに書くのですか？

⑥ **Je mets ma valise ici?**
私のスーツケースをここに置くのですか？

⑦ **Je mets ma voiture au parking?**
クルマは駐車場に入れるのですか？

⑧ **Je mets ça sur l'étagère?**
これは棚に置くのですか？

⑨ **Je mets ça à la poubelle?**
これはごみ箱に入れるのですか？

⑩ **Je mets de l'argent sur un compte.**
お金を銀行に預けます。

●─ 基本例文の用法

① Je mets mon prénom ici?

　mets の原形は mettre で不規則動詞です。原則は「置く」(＝英語の *put*)の意味ですが、多彩な用法があります。活用は以下のとおりです。

je mets	「私は置く」
tu mets	「君は置く」
il met	「彼は置く」
elle met	「彼女は置く」
nous mettons	「私たちは置く」
vous mettez	「あなた(たち)は置く」
ils mettent	「彼たちは置く」
elles mettent	「彼女たちは置く」

　①から⑤までは「書く」「書き込む」の意味で使われています。

⑥ Je mets ma valise ici?

　⑥から⑨までは mettre は「置く」の意味で使われています。⑨の poubelle は「ごみ箱」の意味です。

⑩ Je mets de l'argent sur un compte.

　un compte は銀行の「口座」の意味ですから、お金を「口座に置く」から「銀行に預ける」の意味になります。

(1)　Je mets une robe.
私はドレスを着ます。

(2)　Je mets mon chapeau.
私は帽子をかぶります。

(3)　Je mets du parfum pour ce soir.
私は今夜のために香水をつけます。

(4)　Je te mets jusqu'à la gare?
私は君を駅まで連れて行ってあげようか？

［解説］

（1）**Je mets une robe.**

　(2) や (3) と同様に「(衣服などを) 身につける」という意味で mettre が使われています。

（3）**Je mets du parfum pour ce soir.**

　du parfum の du は部分冠詞で「いくらかの〜」の意味です。部分冠詞は(パターン 32)の基本例文の②③④で見たものと同様です。

（4）**Je te mets jusqu'à la gare?**

　この場合の mets は「(人をある場所などに) 移す」の意味で使われています。
　jusqu'à は場所や時間に関して「〜まで」の意味です。

第2章
時制を中心に

パターン 34

habiter（の現在形）＋ depuis longtemps.

「ずっと前から住んでいます」

J'habite ici depuis longtemps.

私はずっと前からここに住んでいます。

英 *I have lived here for a long time.*

habite；habiter「住む」の現在形。depuis 〜「〜以来」　longtemps「長い間」

● ─ 基本例文　　　　　　　　　　　　　　　　　　　*034*

① **J'habite à Paris depuis longtemps.**
私はずっと前からパリに住んでいます。

② **J'habite en France depuis longtemps.**
私はずっと前からフランスに住んでいます。

③ **J'habite à Tokyo depuis longtemps.**
私はずっと前から東京に住んでいます。

④ **J'habite au Japon depuis longtemps.**
私はずっと前から日本に住んでいます。

⑤ **J'habite à New York depuis longtemps.**
私はずっと前からニューヨークに住んでいます。

⑥ **J'habite aux États-Unis depuis longtemps.**
私はずっと前からアメリカに住んでいます

⑦ **J'habite dans ce quartier depuis longtemps.**
私はずっと前からこの地区に住んでいます。

⑧ **J'habite près d'ici depuis longtemps.**
私はずっと前からこの近くに住んでいます。

⑨ **J'habite Boulevard Haussemann depuis longtemps.**
私はずっと前からオスマン大通りに住んでいます。

114

⑩ J'habite un appartement depuis longtemps.
私はずっと前からアパートに住んでいます。

●─ 基本例文の用法

① J'habite à Paris depuis longtemps.

habiter「住む」は第一群規則動詞（er 型規則動詞）ですが、h（無音の h）で始まっているので、je のあとでは j'habite のようになります。

habiter の活用は以下のようになります。

j'habite	tu habites	il habite	elle habite
nous habitons	vous habitez	ils habitent	elles habitent

（意味は p.258 参照）

また「パリに」のように都市などの時には à ＋（冠詞なしの都市名）のようになります。さらに depuis longtemps「ずっと前から」です。depuis は「～以来」のいう意味で今も続いていることなので、現在形で書かれています。ちなみにフランス語には英語で言う現在完了形はありません。

② J'habite en France depuis longtemps.

「フランスに」のように女性名詞の国名のときには（パターン 17）で見たように en ＋（冠詞なしの国名）となります。

③ J'habite à Tokyo depuis longtemps.

à Tokyo は①の à Paris と同様です。

④ J'habite au Japon depuis longtemps.

「日本に」のように男性名詞の国名のときには au ＋（国名）となります。これは（パターン 13）基本型④⑤のように à ＋ le が縮約で au となり à ＋ le Japon ＝ au Japon となったものです。

⑥ J'habite aux États-Unis depuis longtemps.

à ＋ les États-Unis（アメリカ合衆国）も à ＋ les が縮約で aux となり、aux États-Unis です。

⑦ J'habite dans ce quartier depuis longtemps.

　dans ce quartier は「この地区に」、⑧の près d'ici は「この近くに」の意味で、habiter　は自動詞として使われています。

⑨ J'habite Boulevard Haussemann depuis longtemps.

　J'habite Boulevard Haussemann や⑩の J'habite un appartement では
habiter は他動詞として使われています。両方可能です。

●― 発展例文と用法　　　　　　　　　　　　　　　　　　　034

(1) J'habite 4 rue Bonaparte depuis peu de temps.
私はちょっと前からボナパルト通り４番地に住んでいます。

(2) J'habite la campagne depuis peu de temps.
私はちょっと前から田舎に住んでいます。

(3) J'habite une maison depuis peu de temps.
私はちょっと前から一戸建てに住んでいます。

(4) J'habite la banlieue depuis peu de temps.
私はちょっと前から郊外に住んでいます。

［解説］

(1) J'habite 4 rue Bonaparte depuis peu de temps.

　depuis peu de temps で「ちょっと前から」です。peu de ＋（無冠詞名詞）で「ほんの少しの〜」の意味です。(1) から (4) まで habiter は他動詞として使われています。したがって (1) の 4 rue Bonaparte「ボナパルト通り 4 番地」も目的語ということになります。

　la campagne 「田舎」や la banlieue 「郊外」も便利な表現ですから覚えましょう。

「〜したところです」

Je viens d'arriver.
私は着いたところです。

英 *I arrived just now.*

viens；venir「来る」の現在形。 arriver「着く」

●— 基本例文

035

① Je viens de sortir de mon bureau.
　私は今、オフィスから出てきたところです。

② Je viens de me lever.
　私は今、起きたところです。

③ Je viens de me coucher.
　私は今、横になったところです。

④ Je viens de me maquiller.
　私はお化粧が終わったばかりよ。

⑤ Je viens de prendre mon repas.
　私は今、食事をとったところです。

⑥ Je viens de prendre un pot.
　私は今、一杯飲んだところです。

⑦ Je viens de réviser mon projet.
　私は今、自分の計画を見直したところです。

⑧ Je viens de regarder ça à la télé.
　私はそれをテレビで見たばかりです。

⑨ Je viens d'écouter ça à la radio.
　私はそれをラジオで聞いたばかりです。

⑩ Je viens de le voir.
　私は彼に会ったところです。

●─ 基本例文の用法

---

① Je viens de sortir de mon bureau.

　viens de sortir つまり venir の（現在形）de ＋（動詞の原形）で近接過去と呼ばれます。「〜したところだ」といった意味です。

　venir の活用は（パターン 27）に示しました。

---

② Je viens de me lever.

　me lever は代名動詞で「起きる」の意味です。lever だけなら「起こす」です。
me lever 代名動詞の活用は以下のようです。原形は se lever となります。

je me lève	「私は起きる」
tu te lèves	「君は起きる」
il se lève	「彼は起きる」
elle se lève	「彼女は起きる」
nous nous levons	「私たちは起きる」
vous vous levez	「あなた（たち）は起きる」
ils se lèvent	「彼たちは起きる」
elles se lèvent	「彼女たちは起きる」

---

③ Je viens de me coucher.

　me coucher も代名動詞で「寝る」の意味です。coucher だけなら「横にする」の意味です。

---

④ Je viens de me maquiller.

　me maquiller も代名動詞で「化粧をする」の意味です。

---

⑧ Je viens de regarder ça à la télé.

　à la télé で「テレビで」の意味です。

---

⑨ Je viens d'écouter ça à la radio.

　à la radio で「ラジオで」の意味です。

118

●─ 発展例文と用法　　　　　　　　　　　　　　　　　　*035*

(1) Ça vient de commencer.
（ゲームなどが）始まったところだ。

(2) Ça vient d'ouvrir.
（店などが）開いたばかりだ。

(3) Ça vient de sortir.
（本などが）出たばかりのものだ。

(4) Ça vient de se réparer.
（壊れたものなどが）修理されたばかりだ。

［解説］

(1) から (4) まで主語を Ça と表現することによって、様々な状況に対応できることになります。(4) の se réparer は代名動詞です。réparer だけなら「〜を修理する」の意味です。

JE VIENS DE ME MAQUILLER.

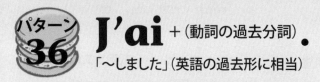

パターン 36

J'ai + (動詞の過去分詞).

「〜しました」(英語の過去形に相当)

J'ai acheté un souvenir.

私はお土産を買いました。

英 *I bought a souvenir.*

acheté; acheter の過去分詞(一般に語尾 er の r を取り、e を é にする)。un souvenir「お土産」

● — 基本例文

036

① J'ai acheté un cadeau.
私はプレゼントを買いました。

② J'ai marché jusqu'à la gare.
私は駅まで歩きました。

③ J'ai parlé avec Gérard.
私はジェラールと話しました。

④ J'ai donné un discours.
私はスピーチをしました。

⑤ J'ai regardé le match.
私はそのゲームを見ました。

⑥ J'ai pensé à toi.
私は君のことを考えました。

⑦ J'ai posé une question.
私は質問をしました。

⑧ J'ai cherché ma montre.
私は私の腕時計を探しました。

⑨ J'ai bien réfléchi.
私はよく考えました。

⑩ J'ai beaucoup mangé.
私はたくさん食べました。

●─ 基本例文の用法

① J'ai acheté un cadeau.

ai（avoir「持つ」の現在形）+ acheté（acheter の過去分詞）で過去形「買った」
（複合過去と呼ばれます）になります。

avoir は不規則動詞で、活用は（パターン10）で見たように次のとおりです。

j'ai	tu as	il a	elle a
nous avons	vous avez	ils ont	elles ont

② J'ai marché jusqu'à la gare.

marché は marcher の過去分詞です。このように一般に er で終わっている
動詞は過去分詞は r をとって e を é とします。また、jusqu'à 〜で「〜まで」（時
間や場所）の意味です。

③ J'ai parlé avec Gérard.

parlé についても①や②と同様です。

④ J'ai donné un discours.

donné un discours「スピーチを与えた」で「スピーチをした」の意味です。

⑥ J'ai pensé à toi.

pensé à 〜で「〜のことを考えた」の意味です。

⑨ J'ai bien réfléchi.

réfléchir「よく考える」は ir 型の規則動詞です。過去分詞は語尾の ir を i だけ
にします。また bien「よく」を付け加えたいときは、このように ai と réfléchi
のあいだに割り込ませます。

⑩ J'ai beaucoup mangé.

beaucoup「たくさん」も、付け加えたときは、ai と mangé のあいだに割り
込ませます。

(1) Je suis allé au musée du Louvre.
私（男性）はルーヴル美術館に行きました。

(2) Je suis allée à l'arc de Triomphe.
私（女性）は凱旋門に行きました。

(3) Je suis venu du Japon.
私（男性）は日本から来ました。

(4) Je suis venue de Lyon.
私（女性）はリヨンから来ました。

(5) Je suis monté à la tour Eiffel.
私（男性）はエッフェル塔にのぼりました。

［解説］

(1) Je suis allé au musée du Louvre.

aller「行く」を過去形にしたいときは、過去分詞 allé の前に être 動詞の現在形を置きます。主語の je には suis を使いますから、je suis allé となります。

(2) Je suis allée à l'arc de Triomphe.

主語が女性のときは、過去分詞 allé に e を付け allée となります。発音は変わりません。（パターン 36）でやった（avoir 動詞の現在形）＋（過去分詞）で作る過去形では、このように過去分詞が主語の性によって変化することはありません。

(3) Je suis venu du Japon.

venu は venir「来る」の過去分詞です。この動詞も être 動詞の現在形のあとに過去分詞をつけて過去形を作ります。

(4) Je suis venue de Lyon.

venue は venir「来る」の過去分詞 venu の女性形です。

(5) Je suis monté à la tour Eiffel.

このように「行く」「来る」「登る」など移動に関する動詞はふつう（être 動詞の現在形）＋（過去分詞）で複合過去形を作ります。

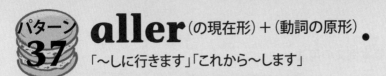

パターン 37 aller（の現在形）＋（動詞の原形）.

「～しに行きます」「これから～します」

Je vais partir en France.

私はこれからフランスに行きます。

英 *I am going to leave for France.*

vais; aller「行く」の現在形。partir「出発する」en France「フランスへ」

● —**基本例文**

037

① Je vais me promener.

私はこれから散歩に行きます。

② Je vais travailler.

私はこれから仕事に行きます。

③ Je vais chercher Marie à la gare.

私はこれからマリーを駅まで迎えに行きます。

④ Je vais faire le marché.

私はこれから買いものに行きます。

⑤ Je vais finir ce travail.

私はこれからこの仕事を終えるつもりです。

⑥ Je vais écrire cette lettre.

私はこれからこの手紙を書くつもりです。

⑦ Je vais sortir ce soir.

私は今夜外出するつもりです。

⑧ Je vais recommencer.

私はやり直すつもりです。

⑨ Je vais essayer une fois encore.

私はもう一回試すつもりです。

⑩ Je vais vous rendre cet argent.

私はこのお金はあなたにお返しします。

●─ 基本例文の用法

① Je vais me promener.

　vais（aller の現在形）＋ me promener（動詞の原形）で「散歩に行く」「これから散歩する」という近い未来を表します。aller は er で終わっていますが不規則動詞です。活用は（パターン 25）p.87 で見たように以下のようです。

je vais	tu vas	il va	elle va
nous allons	vous allez	ils vont	elles vont

③ Je vais chercher Marie à la gare.

　chercher Marie à la gare で「マリーを駅まで迎えに行く」の意味です。

④ Je vais faire le marché.

　faire le marché で「（その日の食事のために）買い物をする」です。

⑤ Je vais finir ce travail.

　①から④までは近い未来のことをそのまま言っている感じですが、⑤から⑩までは意志的な度合が強くなっています。

⑥ Je vais écrire cette lettre.

　écrire cette lettre「この手紙を書く」です。

⑦ Je vais sortir ce soir.

　sortir「外出する」の意味です。

⑧ Je vais recommencer.

　recommencer「再び始める」です。

⑨ Je vais essayer une fois encore.

　essayer「試みる」です。この名詞形が essai で「エッセー」「随筆」の意味です。

⑩ Je vais vous rendre cet argent.

　vous rendre 〜で「あなたに〜を返す」の意味です。

124

●— 発展例文と用法 *037*

(1) **Vous allez voir.**
そのうちわかるでしょう。

(2) **Allez voir si c'est vrai.**
本当かどうか、みてごらん。

(3) **Il va pleuvoir demain.**
明日は雨だろう。

［解説］

(1) **Vous allez voir.**

voir は基本的には「見る」「見える」ですが、「わかる」という意味もあります。

(2) **Allez voir si c'est vrai.**

この si は「～かどうか」という意味の接続詞です。「それが本当かどうか見てみてください」の意味です。

(3) **Il va pleuvoir demain.**

Il は「彼は」の意味ですが、ここでは（天候）を表す非人称構文です。pleuvoir は「雨が降る」という動詞の原形です。

第3章

Ça*(This, That)* を中心に

Ça
「これ」「それ」「あれ」

Comme ça.

そんな感じ。

英 *Like that.*

comme「〜のように」は英語の前置詞に相当します。ça は指示代名詞です。

● **基本例文**

038

① **Ça va?**
元気？

② **Ça va bien, merci.**
元気だよ。ありがとう。

③ **C'est ça.**
そのとおり。

④ **Comme ci, comme ça.**
まあまあさ。

⑤ **Donnez-moi ça.**
それを私にください。

⑥ **Et avec ça?**
他に入り用なものは？

⑦ **Qui ça?**
それ、誰？

⑧ **Où ça?**
それ、どこ？

⑨ **Quand ça?**
それ、いつ？

⑩ **Ce n'est pas mal, ça.**
それ、なかなかいいよ。

●─ 基本例文の用法

① Ça va?

　ça は代名詞で、話し言葉において cela の短縮形として広範囲に用いられます。①ではこの ça は非人称主語として使われています。

② Ça va bien, merci.

　①の答えとして、「うまくいっているよ。ありがとう」という感じです。merci を付けるのを忘れないでください。

③ C'est ça.

　日常生活で、これを言わない日はないでしょう。まさにこのまま、「そのとおり」の意味です。

④ Comme ci, comme ça.

　ci「これ」も代名詞で、ça とともに用いられます。Comme ci, comme ça. は熟語です。無理に訳せば「こんな感じ、あんな感じ」とでもなるでしょうか。

⑤ Donnez-moi ça.

　この場合の ça は物を指しています。とても便利な表現です。

⑥ Et avec ça?

　これは、例えばマルシェで買い物をしたとき、店員の人が「（今、買った）それと一緒に（何を買うの）？」というで言う決まり文句です。

⑦ Qui ça?

　⑧や⑨とともに疑問を強調しています。

　qui「誰が」où「どこで」quand「いつ」は疑問詞です。（パターン 68）（パターン 74）（パターン 75）を参照。

⑩ Ce n'est pas mal, ça.

　ça は主語の ce を強調しています。

(1) Ça alors!
そりゃひどいな。

(2) Qu'est-ce que c'est que ça?
それはいったいなんですか？

(3) Ça me fait plaisir de vous revoir.
あなたにまた会えて嬉しいです。

［解説］

(1) Ça alors!

　ここでは ça は驚きや憤慨を表します。

　alors（「なんだ」のニュアンス）は副詞で強調の働きをしています。

(2) Qu'est-ce que c'est que ça?

　Qu'est-ce que c'est? だけでも「これは何？」の意味ですが que ça をつけると「そのそれは？」と意味を強調します。

(3) Ça me fait plaisir de vous revoir.

　Ça は後ろの de vous revoir を受ける形式主語です。

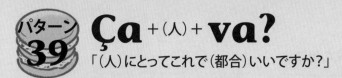

パターン 39 Ça + (人) + va?

「(人)にとってこれで(都合)いいですか?」

Ça vous va?
これでいいですか?

英 *Is it convenient for you?*

va；aller「都合がよい」の現在形。vous「あなたにとって」

● **基本例文**

039

① **Ça me va.**
それで私は都合がいいです。

② **Ça me va, le 5 mai.**
5月5日で私は都合がいいです。

③ **Ça te va?**
これで都合はいいかい?

④ **Ça te va, le 10 juillet pour notre réunion?**
私たちの会議は7月10日でいいかい?

⑤ **Ça vous va comme ça?**
こんな感じでいいですか?

⑥ **Ça nous va?**
僕たちはこれでいいかい?

⑦ **Ça lui va?**
これで彼(女)には都合がいいかい?

⑧ **Ça lui va, cet endroit?**
この場所で彼(女)には都合がいいかい?

⑨ **Ça leur va?**
これで彼(女)たちには都合がいいかい?

⑩ **Ça leur va, cette date?**
この日にちで彼(女)たちには都合がいいかい?

131

●─ 基本例文の用法

---
① Ça me va.

Ça と va の間の me が「私にとって」に当たります。文法的には間接目的語になります。

---
② Ça me va, le 5 mai.

「5月5日」を最後につければ Ça と同格ということになり、「5月5日で私は都合がいいです」となります。

---
③ Ça te va?

「君にとって」という間接目的語は te となります。

---
④ Ça te va, le 10 juillet pour notre réunion?
---

②同様に Ça と le 10 juillet pour notre réunion「私たちの会議のための7月10日」が同格です。

---
⑤ Ça vous va comme ça?
---

comme ça「そんな感じ」「こんなふうに」という意味ですから、「こんな感じでいいですか？」となります。

---
⑥ Ça nous va?

「私たちにとって」という間接目的語は nous となります。

---
⑦ Ça lui va?

「彼（女）にとって」という間接目的語は lui となります。

---
⑧ Ça lui va, cet endroit?
---

ce は目の前にあるものを指して「この」「その」といった意味の指示形容詞（男性名詞の前に置かれる形）です。女性名詞の前では cette となります。また⑧の endroit「場所」のように男性名詞でも母音（または無音の h）で始まるもののときは cet（男性第2形）を使います。

（パターン 37）の基本例文⑩にもあります。

⑨ Ça leur va?

「彼(女)たちにとって」という間接目的語は leur となります。

●─ 発展例文と用法　　　　　　　　　　　　　　　　　　039

(1)　Jeudi, ça vous convient?
木曜日あなたは都合がいいですか?

(2)　Cette date ne me convient pas.
その日私は都合が悪いです。

[解説]

(1) Jeudi, ça vous convient?

convient は原形が convenir「~にとって都合がいい」の三人称単数(「それ」など)が主語になったときの形です。ça vous convient? は ça vous va? とほとんど同じです。

(2) Cette date ne me convient pas.

このように ça の代わりに cette date を主語にすることも可能です。

133

Ça sent + （形容詞）または（名詞）.

「〜の匂いがします」

Ça sent bon.

いい匂いがする。

英 *It smells good.*

sent；sentir「匂いがする」の現在形。bon「良い」「おいしい」

●—**基本例文**

040

① **Ça sent bon la soupe.**
スープのいい匂いがする。

② **Ça sent délicieux.**
おいしい匂いがする。

③ **Ça sent mauvais.**
いやな匂いがする。

④ **Ça sent trop fort.**
匂いが強すぎる。

⑤ **Ça sent le poisson.**
魚の匂いがする。

⑥ **Ça sent le brûlé.**
焦げ臭い匂いがする。

⑦ **Ça sent le tabac chez toi.**
君のところはタバコ臭いな。

⑧ **Ça sent le gaz.**
ガスの匂いがする。

⑨ **Ça sent le moisi.**
かび臭い匂いがする。

⑩ **Ça sent les fruits.**
果物の匂いがする。

●─ 基本例文の用法

① **Ça sent bon la soupe.**

sent は sentir という原形の三人称単数形です。「感じる」というのが元の意味です。Ça と la soupe が同格で、「スープのいい匂いがする」です。

sentir の活用は次のとおりです。

je sens	tu sens	il sent	elle sent
nous sentons	vous sentez	ils sentent	elles sentent

（意味は p.259 参照）

② **Ça sent délicieux.**

bon「おいしい」の代わりに同じ意味の délicieux「おいしい」も使えます。

③ **Ça sent mauvais.**

mauvais「不快な」の意味で使われています。

④ **Ça sent trop fort.**

trop「あまりにも」、また fort「(味や匂いが)強い」の意味です。

⑤ **Ça sent le poisson.**

Ça sent ＋(名詞)のタイプです。le poisson「魚」です。

⑥ **Ça sent le brûlé.**

やはり Ça sent ＋(名詞)のタイプです。le brûlé は「焦げたもの」の意味です。

⑨ **Ça sent le moisi.**

⑩の les fruits「果物」と同じく le moisi「かび」を使えば「かび臭い」となります。

(1) Je me sens bien.

私は気分がいい。

(2) Je me sens mieux.

私は気分がよくなりました。

(3) Je ne me sens pas bien.

私は気分がよくありません。

(4) Je me sens mal.

私は気分が悪い。

[解説]

(1) Je me sens bien.

se sentir ＋（副詞など）で「自分が〜だと感じる」の意味です。je が主語なら je me sens という形になります。bien は副詞で「良く」の意味です。

(2) Je me sens mieux.

mieux は bien の比較級で「よりよく」（英語の *better*）の意味です。

(3) Je ne me sens pas bien.

(1) の否定文です。このように me sens を ne と pas で挟みます。

(4) Je me sens mal.

mal は「具合悪く」という意味の副詞です。

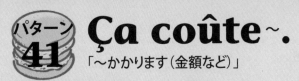

Ça coûte~.

「～かかります（金額など）」

Ça coûte combien?
これはいくらですか？

英 *How much is it?*

ça; 目の前の物を指します。coûte; coûter「値段が～である」の現在形。combien「いくら」

● **基本例文**

041

① **Ça coûte combien, cette ceinture?**
このベルトはいくらですか？

② **Ça coûte cher.**
それは高い。

③ **Ça coûte gros.**
それは高い。

④ **Ça coûte peu.**
それは安い。

⑤ **Ça ne coûte rien.**
それは無料です。

⑥ **Ça coûte 200 euros.**
それは 200 ユーロです。

⑦ **Ça coûte 150 euros par personne.**
それは一人当たり 150 ユーロです。

⑧ **Acheter une maison, ça coûte!**
家を買うのは高くつく！

⑨ **Ça coûte cher d'élever un enfant.**
子どもを育てるのは高くつく。

⑩ **Ça ne coûte rien d'espérer.**
希望を持つのはタダだ。

① **Ça coûte combien, cette ceinture?**

　原形 coûter で「値段が〜である」の意味です。この例文では ça と cette ceinture が同格となっています。

② **Ça coûte cher.**

　cher は「高価な」という意味の形容詞です。③の gros も同じ意味です。chaud という言い方もあります。

④ **Ça coûte peu.**

　peu は副詞で「あまり〜ない」「ほとんど〜ない」の意味です。

⑤ **Ça ne coûte rien.**

　ne ＋（動詞）＋ rien で「全く〜ない」の意味です。

⑦ **Ça coûte 150 euros par personne.**

　par personne で「一人につき」の意味になります。

⑧ **Acheter une maison, ça coûte!**

　ça coûte だけでも「高い」の意味があります。Acheter une maison で「家を買うこと」と名詞句になり、ça と同格になります。

⑨ **Ça coûte cher d'élever un enfant.**

　Ça は後ろにある d'élever un enfant「子どもを育てること」(名詞句)を受ける形式主語です。

⑩ **Ça ne coûte rien d'espérer.**

　この Ça はやはり後ろの d'espérer「期待すること」(名詞句)を受ける形式主語です。

●─ 発展例文と用法　　　　　　　　　　　　　　　*041*

(1) Ça me coûte beaucoup.
それは私にはとてもつらい。

(2) La promesse ne coûte rien.
約束だけなら簡単だ。

［解説］

(1) Ça me coûte beaucoup.

この場合の coûte は「苦痛を与える」「つらい」の意味になります。

(2) La promesse ne coûte rien.

この場合も「約束は全然つらくない」から「約束だけなら簡単だ」と解せます。

Ça fait~.

「(年月・金額などが)〜になります」

Ça fait un an.

もう 1 年になります。

英 *One year has passed.*

fait；faire「〜になる」の現在形。un an「一年」

●──**基本例文**

042

① **Ça fait combien d'années?**
何年になりますか？

② **Ça fait des années.**
何年にもなります。

③ **Ça fait dix ans.**
10 年になります。

④ **Ça fait longtemps.**
長い期間になります。

⑤ **Ça fait trois ans.**
3 年になります。

⑥ **Ça fait la troisième fois.**
これが 3 回目です。

⑦ **Ça fait 6 mètres de long.**
これは長さが 3 メートルです。

⑧ **Ça fait combien?**
全部でいくらですか？

⑨ **Ça fait 300 euros.**
全部で 300 ユーロになります。

⑩ **Ça fait trop.**
高すぎる。

●— 基本例文の用法

---
① Ça fait combien d'années?
---

combien de ～で「どれだけの～」ですから、「何年になりますか？」です。

---
② Ça fait des années.
---

des années で「何年も」の意味です。des は複数名詞につく不定冠詞です。英語にはこれに相当するものはありません。

année はよく付加形容詞とともに使います。例えば cette année「今年」などです。また序数詞（「～番目の」）とともに用います。

---
③ Ça fait dix ans.
---

dix ans で「10 年」です。④のように longtemps なら副詞で「長い間」の意味になります。

an は年数を数える単位としての「年」です。基数詞（「一つの～」など）とともに用いられます。

---
⑥ Ça fait la troisième fois.
---

la troisième fois で「3 回目」の意味です。このように trois に ième をつけるといわゆる序数（「～番目の」）です。例えば deux「2」は deuxième「2 番目の」となるわけです。

---
⑦ Ça fait 6 mètres de long.
---

de long で「長さは」の意味です。long だけなら「長さ」「縦」という意味の名詞になります。

---
⑧ Ça fait combien?

Ça coûte combien? は（パターン 41）でやったように、ある一つのものを指して「これはいくらですか？」ですが、Ça fait combien? は「(買ったもの)全部でいくら？」の意味を持っています。

(1) Ça fait quatre ans que j'habite ici.
私がここに住んで 4 年になります。

(2) Ça fait six ans que je travaille ici.
私はここで働いて 6 年になります。

(3) Ça fait un an et demi que je sors avec elle.
私が彼女と交際して 1 年半になります。

(4) Ça fait deux heures qu'il parle.
彼が話し始めてから 2 時間になる。

［解説］

(1) Ça fait quatre ans que j'habite ici.

　Ça fait ＋（年月）＋ que ～で「～して（年月）になる」の意味です。
～の部分は現在形でかまいません。

(3) Ça fait un an et demi que je sors avec elle.

　un an et demi で「1 年半」です。もし demi「半分」の前の名詞が女性名詞なら
demie という形になります。例えば une heure et demie「1 時間半」になります。
sors は sortir「外出する」が原形です。

パターン43 Ça semble +（形容詞など）.

「〜に思われます」

Ça semble chouette.

なかなかいいんじゃない。

英 *It seems great.*

semble；sembler「〜に思われる」の現在形。chouette「いい」「すてきな」

● 基本例文

043

① **Ça semble bon.**
おいしそうだね。

② **Ça semble impossible.**
無理っぽいね。

③ **Ça semble nécessaire.**
それは必要だろうね。

④ **Ça semble inutile.**
それは無駄っぽいね。

⑤ **Ça semble très important.**
それはとても大事じゃないかな。

⑥ **Ça semble inouï.**
あきれはてた話に思える。

⑦ **Ça semble génial.**
なかなかいいんじゃない。

⑧ **Ça semble extra.**
なかなかいいんじゃない。

⑨ **Ça semble banal.**
そりゃ月並みじゃないか。

⑩ **Ça semble peu de chose.**
取るに足らないんじゃないか。

143

●― 基本例文の用法

① Ça semble bon.

bon は「おいしい」の意味で使われています。semble は原形が sembler「思われる」(英語の *seem*)です。

Ça semble のあとに形容詞を持ってくることで、多彩な表現になります。

④の inutile は「役にたたない」、⑥の inouï は「聞いたことがない」から転じて「あきれた」、⑦の génial や⑧の extra はいい意味での「すごい」、⑨の banal や⑩の peu de chose(これは名詞です)は「ありふれた」や「取るに足りない」の意味になります。

●― 発展例文と用法

043

(1) Il me semble inutile de le voir.
彼に会っても無駄だと私には思えます。

(2) Il me semble nécessaire d'y aller.
そこに行くことが必要だと私には思えます。

(3) Elle me semble avoir raison.
彼女は正しいと私には思えます。

[解説]

(1) Il me semble inutile de le voir.

Il me semble +(形容詞)+ de 〜「〜することが私には(形容詞)に思える」となります。

(2) Il me semble nécessaire d'y aller.

y aller で「そこに行く」の意味です。y は母音扱いですから de + y = d'y となります。

(3) Elle me semble avoir raison.

Elle me semble +(動詞の原形)で「彼女は〜のように私には思える」です。avoir raison で「正しい」(= be right)です。

144

Ça dépend de~.

「それは〜しだいです」

Ça dépend des cas.

それは場合によるね。

英 It depends.

dépend; dépendre de 〜「〜しだいである」の現在形。cas「場合」

● 基本例文

044

① Ça dépend.
何とも言えないな。

② Ça dépend de toi.
それは君しだいだ。

③ Ça dépend de vous.
それはあなたしだいだ。

④ Ça dépend de lui.
それは彼しだいだ。

⑤ Ça dépend d'elle.
それは彼女しだいだ。

⑥ Ça dépend d'eux.
それは彼たちしだいだ。

⑦ Ça dépend d'elles.
それは彼女たちしだいだ。

⑧ Ça dépend des circonstances.
それは状況しだいだ。

⑨ Ça dépend de votre décision.
それはあなたの判断しだいだ。

⑩ Ça dépend du temps.
それは天気しだいだ。

●─ 基本例文の用法

① Ça dépend.

　動詞 dépendre は「～に依存する」「～しだいだ」の意味で、英語で言うと *depend* に近い用法です。その dépendre の三人称単数形が dépend です。

　de 以下がなくとも表題の Ça dépend des cas. と同じ意味になります。

② Ça dépend de toi.

②から⑦までは人称代名詞の強勢形を用いて「～（人）しだいだ」と表現できます。

⑧ Ça dépend des circonstances.

　des circonstances は de ＋ les circonstances ＝ des circonstances の形です。circonstances は「状況」「情勢」の意味です。

⑩ Ça dépend du temps.

　du temps は de ＋ le temps ＝ du temps から来ています。temps は「時」「天気」などの意味です。

●─ 発展例文と用法　　　　　　　　　　　　*044*

(1) **Votre succès dépend de votre travail.**
あなたの成功はあなたの勉強にかかっています。

(2) **Tout dépend de vous.**
すべてはあなたしだいです。

［解説］

(1) **Votre succès dépend de votre travail.**

　Votre succès「あなたの成功」のように主語は ça でなくともこの構文は使えます。

(2) **Tout dépend de vous.**

　ここでは Tout「すべてのこと」「すべてのもの」を主語にしています。

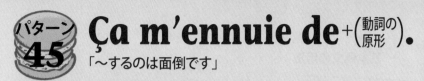

パターン 45 Ça m'ennuie de +（動詞の原形）.

「〜するのは面倒です」

Ça m'ennuie d'y aller.

そこに行くのは面倒だね。

英 *It bothers me to go there.*

ennuie；ennuyer「困らせる」の現在形。y aller「そこへ行く」

● **基本例文**

045

① **Ça m'ennuie.**
困っています。

② **Ça m'ennuie de travailler.**
仕事、面倒だな。

③ **Ça m'ennuie de réserver.**
予約するの、面倒だな。

④ **Ça m'ennuie de trouver une place.**
席を見つけるの、面倒だな。

⑤ **Ça m'ennuie de parler avec lui.**
彼と話すのは、面倒だな。

⑥ **Ça m'ennuie d'écrire une lettre.**
手紙を書くの、面倒だな。

⑦ **Ça m'ennuie de choisir.**
選ぶの、面倒だな。

⑧ **Ça m'ennuie de réfléchir.**
考えるの、面倒だな。

⑨ **Ça m'ennuie de penser à tout ça.**
いろいろ考えるのは面倒だな。

⑩ **Ça m'ennuie d'aller voir mes parents.**
両親に会いに行くのは面倒だな。

基本例文の用法

① Ça m'ennuie.

ennuyer は「困らせる」「退屈させる」「迷惑をかける」「嫌気を起こさせる」など多くの意味があります。

ennuie は主語が三人称単数の場合の形です。①では「困らせる」、②から⑩は「嫌気を起こさせる」の意味で使われています。

② Ça m'ennuie de travailler.

Ça m'ennuie de ～で「～するのは面倒だ」の感じです。Ça は後ろの de ～を受けています。

④ Ça m'ennuie de trouver une place.

une place は「席」「座席」などの意味です。

⑧ Ça m'ennuie de réfléchir.

réfléchir は「じっくり考える」の意味です。

⑨ Ça m'ennuie de penser à tout ça.

penser à ～で「～のことを考える」です。tout ça は「それすべてのこと」の意味です。

発展例文と用法

045

(1) Cette fièvre m'ennuie.
熱があって困っているんだ。

(2) Cette musique m'ennuie.
この音楽は退屈だ。

(3) Ça vous ennuie d'attendre?
すみませんが待ってもらえますか？

[解説]

(1) Cette fièvre m'ennuie.

　ここでは Ça ではなく、Cette fièvre「この熱」が主語になっています。(2) も同様で、Cette musique「この音楽」を主語にしています。無生物主語です。

(3) Ça vous ennuie d'attendre?

　Ça vous ennuie de 〜で「〜することはあなたにとって迷惑ですか？」の意味です。この vous「あなたにとって」は直接目的語です。

149

Ça vous plaît + (名詞)?

「〜は気に入りましたか?」

Ça vous plaît ce foulard?

このスカーフは気に入りましたか?

英 *Do you like this scarf?*

plaît；plaire à 〜「〜の気に入る」の現在形。foulard「スカーフ」

● **基本例文**

046

① **Ça vous plaît?**
これ、気に入りましたか?

② **Ça vous plaît ce chapeau?**
この帽子、気に入りましたか?

③ **Ça vous plaît cette robe?**
このワンピース、気に入りましたか?

④ **Ça vous plaît ces boucles d'oreilles percées?**
このピアス、気に入りましたか?

⑤ **Ça vous plaît l'entrée?**
アントレ(主菜の前の料理)は気に入りましたか?

⑥ **Ça vous plaît le plat?**
お料理は気に入りましたか?

⑦ **Ça vous plaît le dessert?**
デザートは気に入りましたか?

⑧ **Ça te plaît?**
それ、気に入った?

⑨ **Ça te plaît le Japon?**
日本は気に入った?

⑩ **Ça lui plaît?**
それ、彼(女)は気に入った?

● 基本例文の用法

① Ça vous plaît?

plaît は原形が plaire で、plaire à 〜で「〜の気に入る」です。s'il vous plaît「お願いします」「どうぞ」に使われている plaît と同じです。

①も「それはあなたの気に入ってますか?」ということです。

② Ça vous plaît ce chapeau?

Ça はあとの ce chapeau を受けています。

③ Ça vous plaît cette robe?

この Ça もあとの cette robe を受けています。

⑤ Ça vous plaît l'entrée?

l'entrée はフランス料理ではスープかオードヴルに続いてメイン料理の前に出される料理です。スープやオードヴルは省略してもかまいません。

⑥ Ça vous plaît le plat?

le plat はメインの料理です。

⑧ Ça te plaît?

vous が te となると「君にとって」の意味になります。

⑩ Ça lui plaît?

lui も vous や te 同様に間接目的語で、「彼(女)にとって」の意味です。

(1) Ce chapeau vous plaît?
この帽子、気に入りましたか？

(2) Ça ne me plaît pas.
それ、気に入りません。

(3) Ça vous plairait de parler avec nous?
私たちと話してみませんか？

[解説]

(1) Ce chapeau vous plaît?

Ce chapeau「この帽子」と物を主語にしてもこの構文は成り立ちます。

(2) Ça ne me plaît pas.

否定文は me plaît を ne と pas ではさみます。

(3) Ça vous plairait de parler avec nous?

plairait は plaire の条件法現在形で語気緩和といわれ、Ça vous plairait de 〜 の形で、相手に「〜しませんか？」と誘う時に使います。

第4章

Il（非人称）(It)を中心に

Il fait beau.

いい天気です。

英 *It is fine today.*

Il fait 〜「天気が〜だ」 beau「晴れた」

● **基本例文**

047

① **Il fait mauvais.**
天気が悪い。

② **Il fait chaud.**
暑いね。

③ **Il fait froid.**
寒いね。

④ **Il fait doux.**
穏やかな天気だね。

⑤ **Il fait humide.**
じめじめしてるね。

⑥ **Il fait sec.**
からっとしてるね。

⑦ **Il fait du soleil.**
日が照ってるね。

⑧ **Il fait du brouillard.**
霧が出てるね

⑨ **Il fait du vent.**
風があるね。

⑩ **Il fait dix-huit degrés.**
気温が 18 度だね。

154

●─ 基本例文の用法

① Il fait mauvais.

fait は原形が faire（普通は「～する」の意味）の三人称単数形です。前にある Il は「彼」の意味ではなく、非人称構文と呼ばれるもので、天候を表します。ちょうど英語の it の感じです。Il fait で It is ＋（天候）ということです。

mauvais は「悪い」「ひどい」といった意味の形容詞です。

② Il fait chaud.

chaud は「暑い」、③の froid は「寒い」です。

④ Il fait doux.

doux は「甘い」「心地よい」「温和な」の意味の形容詞です。

⑦ Il fait du soleil.

soleil は「太陽」という名詞ですが、ここでは「日光」の意味で使われています。du は男性名詞につく部分冠詞で「いくらかの」を表します。

⑧ Il fait du brouillard.

この du brouillard「霧」も⑦の du soleil と同様 du は部分冠詞です。

⑨の du vent「風」も同様です。

⑩ Il fait dix-huit degrés.

degrés は角度や温度などの「度」を表します。このように Il fait のあとに持ってきて気温を表すこともできます。

(1) **Il fait clair ici.**
ここは明るいね。

(2) **Il fait sombre ici.**
ここは薄暗いね。

(3) **Il fait jour.**
夜が明けてる。

(4) **Il fait quel temps?**
どんな天気ですか？

[解説]

(1) Il fait clair ici.

　ここでは (2) も同様ですが、必ずしも天候ではなく、「あたりが明るい（暗い）」の表現がしたい時に Il fait 〜が使えます。

(3) Il fait jour.

　「夜が明ける」や「夜になる」（Il fait nuit.）も Il fait 〜が使えます。

(4) Il fait quel temps?

　天気をたずねる場合は quel temps「どんな天気」を Il fait 〜の〜部分に持って来ればいいわけです。疑問詞を前に出して Quel temps fait-il? とも言います。

Il est ~ heures.

「今～時です」

Il est trois heures.

今、3時です。

英 *It is three o'clock.*

Il est「（時刻が）～である」 heure「時間」「一時間」 trois heures「3 時」

● **基本例文**

048

① **Il est vingt heures cinq.**
今、20 時 5 分です。

② **Il est cinq heures et demie.**
今、5 時半です。

③ **Il est deux heures juste.**
今、2 時ちょうどです。

④ **Il est une heure moins dix.**
今、1 時 10 分前です。

⑤ **Il est quatre heures moins le quart.**
今、4 時 15 分前です。

⑥ **Il est onze heures et quart.**
今、11 時 15 分です。

⑦ **Il est midi.**
今、正午です。

⑧ **Il est presque trois heures.**
ほぼ 3 時です。

⑨ **Il est huit heures passées.**
今、8 時過ぎです。

⑩ **Il est minuit environ.**
今、真夜中ごろです。

① Il est vingt heures cinq.

Il est ＋ (時刻) で英語の *It is* ＋ (時刻) のような用法になります。

また、vingt heures cinq のように〜 heures「時」のあとに直接数字だけをおいて「〜分」になります。一般にフランスでは 24 時表記になります。

② Il est cinq heures et demie.

demie は「半分」の意味です。前にある名詞 heures が女性名詞なので原形 demi に e をつけます。この単語の発音自体は変わりません。

③ Il est deux heures juste.

〜 heures に juste「ちょうど」(副詞) をつけると「ちょうど〜時」です。

④ Il est une heure moins dix.

moins は前置詞で「引く」「マイナス」の意味ですから「1 時引く 10 分」で「1 時に 10 分前」です。

⑤ Il est quatre heures moins le quart.

④と同様に「4 時引く quart (四分の一 (15 分))」で「4 時に 15 分前」になります。この場合 le quart と定冠詞がつきます。定冠詞がつくのは「残りの 15 分」がイメージ上で定まったものになるからだと言われています。

⑥ Il est onze heures et quart.

quart はやはり四分の一 (15 分) ですが、この時、定冠詞はつきません。

⑦ Il est midi.

midi は「正午」「真昼」の意味です。

⑧ Il est presque trois heures.

presque は副詞で、「ほとんど」の意味です。

⑨ **Il est huit heures passées.**

passé は「過ぎた」の意味です。heures という女性複数名詞にかかるので e と s を付けます。

⑩ **Il est minuit environ.**

environ は副詞で「およそ」の意味です。

●― 発展例文と用法   *048*

(1) **Quelle heure est-il?**
    今、何時ですか？

(2) **Vous avez l'heure?**
    今、何時ですか？

(3) **Le train est à l'heure.**
    電車は時間どおりです。

［解説］

(1) Quelle heure est-il?

Il est を倒置して est-il として quelle heure「何時」の後ろに置きます。(2) のように Vous avez l'heure? という言い方もあります。「あなたは時間がありますか？」という意味ではありませんので誤解しないように。

(3) Le train est à l'heure.

à l'heure で「定刻に」の意味です。「遅れて」は en retard と言います。

パターン 49 Il y a + (名詞).

「〜があります」

Il y a une pomme.
リンゴが一つあります。

英 *There is an apple.*

Il y a 〜「〜があります」「〜がいます」　une pomme「一つのリンゴ」

●—基本例文

049

① Il y a un livre.
本が 1 冊あります。

② Il y a une fille.
女の子が一人います。

③ Il y a un problème.
問題が一つあります。

④ Il y a une question.
質問が一つあります。

⑤ Il y a trois hommes.
男性が 3 人います。

⑥ Il y a des femmes.
女性が何人かいます。

⑦ Il y a beaucoup de voitures.
多くのクルマがあります。

⑧ Il y a peu de sel.
塩がほとんどありません。

⑨ Il y a du monde.
人が大勢います。

⑩ Il y a deux kilomètres.
2 キロの距離があります。

●─ 基本例文の用法

① Il y a un livre.

　Il y a 〜で「〜があります」「〜がいます」と、物にも人にも使える便利な表現です。英語でいう *There is* 〜や *There are* 〜にあたります。〜の部分が単数であっても複数であっても、動詞は常に a (avoir「持つ」の三人称単数形)です。

　Il は非人称、また y は副詞で、「そこに」の意味になります。

⑥ Il y a des femmes.

　des は複数名詞にかかる不定冠詞です。しいて言えば des は「何人かの」「いくつかの」の意味になります。

⑦ Il y a beaucoup de voitures.

　beaucoup de + (無冠詞名詞)で「多くの〜」です。

⑧ Il y a peu de sel.

　上とは逆に peu de + (無冠詞名詞)で「ほとんど〜ない」です。

⑨ Il y a du monde.

　monde は「世界」という意味のほかに「人々」という意味があり、これに部分冠詞の du をつけて「大勢の人々」になります。覚えると便利です。

⑩ Il y a deux kilomètres.

　このように距離を示すのにもこの構文は使われます。後ろに jusqu'à la gare をつけると「駅まで 2 キロ」となります。

(1) Il n'y a pas de sucre.
砂糖がありません。

(2) Il n'y a pas de bus.
バスはありません。

(3) Il n'y a pas de problème.
問題ありません。

(4) Il n'y a pas de temps.
時間がありません。

［解説］

(1) Il n'y a pas de sucre.

　Il y a の否定形は上のように Il n'y a pas とします。フランス語の否定は原則的には動詞（ここでは　a）を ne と pas ではさみますが、この構文の否定形は y a 部分全体を ne と pas ではさんでいます。

　このとき ne y a pas → n'y a pas となります。

　また Il y a のあとの不定冠詞（un, une, des）はすべて de となります。いずれにせよ、Il n'y a pas de ＋（無冠詞名詞）と覚えてしまったほうが早道です。(2) や (3) もその例です。

(4) Il n'y a pas de temps.

　temps「時間」は最初から s が付いた形です。

パターン 50

Il faut + （動詞の原形）.
「〜しなければなりません」

Il faut + （名詞）.
「〜が必要です」

Il faut attendre.
待たねばなりません。

英 *We have to wait.*

Il は非人称　faut；falloir「必要である」「すべきである」の現在形。attendre「待つ」

● **基本例文**

050

① **Il faut patienter un peu.**
少しお待ちください。

② **Il faut partir tout de suite.**
すぐに出発しなければなりません。

③ **Il faut travailler dur.**
一生懸命働かねばなりません。

④ **Il faut y aller.**
そこに行かねばなりません。

⑤ **Il faut bien vivre.**
とにかく生きていかねばなりません。

⑥ **Il faut l'avertir.**
彼（女）に知らせなければなりません。

⑦ **Il faut nous dépêcher.**
私たちは急がねばなりません。

⑧ **Il faut un passeport.**
パスポートが必要です。

⑨ **Il faut de la patience.**

辛抱が必要です。

⑩ **Il faut dix minutes pour aller à la gare.**

駅まで 10 分必要です。

● 基本例文の用法

① **Il faut patienter un peu.**

faut は原形が falloir「必要である」「すべきである」の三人称単数形です。patienter は「じっと待つ」といった意味です。Il faut +（動詞の原形）のパターンです。

② **Il faut partir tout de suite.**

tout de suite は副詞句で「すぐに」です。

③ **Il faut travailler dur.**

dur は副詞で「猛烈に」といった意味です。

⑤ **Il faut bien vivre.**

bien も副詞で「正しく」「立派に」の意味です。vivre は「生きる」です。

⑥ **Il faut l'avertir.**

l'avertir はもとは le + avertir あるいは la + avertir ですから「彼に（または彼女に）知らせる」ということです。

⑦ **Il faut nous dépêcher.**

nous dépêcher は原形が se dépêcher「急ぐ」という代名動詞から来ています。「私たちは急ぐ」が nous dépêcher です。

⑧ **Il faut un passeport.**

Il faut のあとに名詞が来るパターンです。

⑨ **Il faut de la patience.**

de la は女性名詞 patience「辛抱」にかかる部分冠詞（数えられないものの若干量を表す冠詞）です。

⑩ **Il faut dix minutes pour aller à la gare.**

Il faut のあとに時間を持ってくると「(時間が) ～かかる」の意味になる例です。pour aller à ～は「～に行くためには」の意味です。

● **発展例文と用法**

050

(1) **Il me faut du repos.**
　　私には休息が必要です。

(2) **Il te faut réfléchir.**
　　君にはじっくり考えることが必要です。

(3) **Il vous faut quoi?**
　　あなた(たち)は何が入り用ですか？

(4) **Il lui faut quelqu'un.**
　　彼(女)には誰かが必要だ。

［解説］

(1) **Il me faut du repos.**

me は「私にとって」という間接目的語です。du は男性名詞にかかる部分冠詞(数えられないものの「若干の～」)です。

(2) **Il te faut réfléchir.**

te は「君にとって」という間接目的語です。

(3) **Il vous faut quoi?**

vous は「あなた(たち)にとって」という間接目的語です。quoi は疑問詞で、動詞のあとで用いられるくだけた言い方です。「何を？」の意味です。

(4) **Il lui faut quelqu'un.**

lui は「彼(女)にとって」という間接目的語です。quelqu'un で「(不特定の)誰か」の意味です。

Il ne faut pas + (動詞の原形).

「〜してはいけません」

Il ne faut pas entrer.

入ってはいけません。

英 *You must not enter.*

Il ne faut pas「〜してはいけない」　entrer「入る」

●― 基本例文

051

① **Il ne faut pas garer ici.**
ここに駐車してはいけません。

② **Il ne faut pas fumer ici.**
ここで煙草を吸ってはいけません。

③ **Il ne faut pas dire ça.**
それを言ってはいけません。

④ **Il ne faut pas exagérer.**
大げさに言ってはいけません。

⑤ **Il ne faut pas sortir ce soir.**
今夜は外出してはいけません。

⑥ **Il ne faut pas rouler si vite.**
そんなにスピードを出してはいけません。

⑦ **Il ne faut pas gaspiller.**
無駄遣いしてはいけません。

⑧ **Il ne faut pas mentir.**
うそをついてはいけません。

⑨ **Il ne faut pas remettre le projet.**
その計画を延期してはいけません。

⑩ **Il ne faut pas polluer la nature.**
自然を汚してはいけません。

●─ 基本例文の用法

① Il ne faut pas garer ici.

Il faut ＋(動詞)を否定して Il ne faut pas ＋(動詞)とすると「〜してはいけない」という禁止の表現になります。garer は「(クルマを)駐車する」、②の fumer は「煙草を吸う」の意味です。

⑤ Il ne faut pas sortir ce soir.

sortir「外出する」は ir で終わっていますが第二群規則動詞(ir 型規則動詞)ではなく、次のように活用します。

je sors	tu sors	il sort	elle sort
nous sortons	vous sortez	ils sortent	elles sortent

（意味は p.259 を参照）

⑥ Il ne faut pas rouler si vite.

rouler はこれだけで「クルマを走らせる」の意味です。

⑧ Il ne faut pas mentir.

mentir「ウソをつく」は sortir「外出する」と同じように活用します。

je mens	tu mens	il ment	elle ment
nous mentons	vous mentez	ils mentent	elles mentent

（意味は p.259 を参照）

(1) **Défense de fumer.**
「禁煙」

(2) **Défense d'entrer.**
「立ち入り禁止」

(3) **Défense d'afficher.**
「張り紙禁止」

(4) **Passage interdit.**
「通行禁止」

[解説]

(1) Défense de fumer.

(2) Défense d'entrer.

(3) Défense d'afficher.

fumer「タバコを吸う」、afficher「掲示する」の意味です。

(4) までは掲示や看板に使われる禁止の通告です。Défense は名詞で「禁止」
という意味です。

(4) Passage interdit.

Passage は「通行」、interdit は形容詞で「禁じられた」の意味です。パリの地
下鉄の通路で人の流れの逆行を防ぐのに書かれています。

Il vaut mieux + (動詞の原形).

「〜したほうがいいです」

Il vaut mieux aller voir.

見に行ったほうがいい。

英 *We had better go and see.*

vaux；valoir「価値がある」の現在形。mieux「よりよく」　aller voir「見に行く」

● **基本例文**

052

① **Il vaut mieux apprendre l'anglais.**
英語を勉強したほうがいいです。

② **Il vaut mieux apprendre le japonais.**
日本語を勉強したほうがいいです。

③ **Il vaut mieux apprendre le français.**
フランス語を勉強したほうがいいです。

④ **Il vaut mieux refuser.**
断ったほうがいいです。

⑤ **Il vaut mieux accepter.**
承知したほうがいいです。

⑥ **Il vaut mieux te taire.**
君は黙っていたほうがいいです。

⑦ **Il vaut mieux nier formellement.**
はっきり否定したほうがいいです。

⑧ **Il vaut mieux faire des efforts.**
努力したほうがいいです。

⑨ **Il vaut mieux nous marier.**
僕たち結婚したほうがいいよ。

⑩ **Il vaut mieux nous quitter.**
僕たち別れたほうがいいよ。

●― 基本例文の用法

> ① Il vaut mieux apprendre l'anglais.

　vaut は原形が valoir「〜の価値がある」です。後ろの apprendre l'anglais「英語を勉強すること」を Il（形式主語）で受けています。「英語を勉強することはより良い価値がある」という感じです。

> ⑥ Il vaut mieux te taire.

　te taire は原形が se taire「黙る」（代名動詞）です。se を te とすると「君が黙る」となります。

> ⑦ Il vaut mieux nier formellement.

　nier は「否定する」、formellement で「明白に」「しっかりと」（副詞）の意味です。

> ⑨ Il vaut mieux nous marier.

　se marier は代名動詞で「結婚する」で、nous marier とすると「（私たちは）結婚する」の意味になります。

> ⑩ Il vaut mieux nous quitter.

　se quitter「別れる」（代名動詞）を nous quitter とすると「（私たちは）別れる」の意味になります。quitter だけなら「離れる」の意味です。

●─ 発展例文と用法   *052*

(1) **Ça vaut mieux.**
そのほうがいいよ。

(2) **Vaut mieux courir.**
走ったほうがいいよ。

(3) **Ça vaut la peine.**
それはやってみるだけの価値はあるよ。

[解説]

(1) Ça vaut mieux.

「それはより良い価値がある」ですから「そのほうがいいよ」となります。

(2) Vaut mieux courir.

Il vaut mieux を会話などで簡略にして Vaut mieux と言うこともできます。
courir は「走る」です。

(3) Ça vaut la peine.

「それは la peine（苦労）の価値がある」ですから「やってみるだけの価値はある」となります。

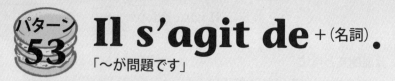

Il s'agit de + (名詞).

「〜が問題です」

Il s'agit de notre avenir.
私たちの未来が問題です。

英 *It is our future that matters.*

Il s'agit 〜「〜が問題だ」　notre avenir「私たちの未来」

● 基本例文

① Il s'agit de vous.
あなたが問題です。

② Il s'agit de ce livre.
この本が問題です。

③ Il s'agit de mon fils.
私の息子が問題です。

④ Il s'agit de ma fille.
私の娘が問題です。

⑤ Il s'agit de notre mariage.
私たちの結婚が問題です。

⑥ Il s'agit de notre époque.
私たちの時代が問題です。

⑦ Il s'agit de la diplomatie.
外交が問題です。

⑧ Il s'agit de la politique.
政治が問題です。

⑨ Il s'agit de l'économie.
経済が問題です。

⑩ Il s'agit de la philosophie de la vie.
人生観が問題です。

●─ 基本例文の用法

① Il s'agit de vous.

Il s'agit de 〜で「〜が問題である」「〜に関することだ」といった意味です。新たな話題を提示するのに便利な表現です。

③ Il s'agit de mon fils.

これも①に同様ですが、J'ai des ennuis. Il s'agit de mon fils.「困ったことがある。私の息子のことなんだ」というふうに使います。

⑩ Il s'agit de la philosophie de la vie.

「人生観」は la philosophie de la vie「人生についての哲学」というふうに言います。

●─ 発展例文と用法

053

(1) Il s'agit de quoi?
何が問題？

(2) Il s'agit de faire vite.
急いでやる必要があります。

[解説]

(1) Il s'agit de quoi?

quoi（que の強勢形です）は前置詞の de などの後に使い「何を」などの意味の疑問詞です。

(2) Il s'agit de faire vite.

このように Il s'agit de の後に動詞の原形が来ると、「〜する必要がある」という意味になります。

パターン 54

Il est difficile de +(動詞の原形).

「〜するのは難しいです」

Il est difficile de traduire ce texte.

このテキストを訳すのは難しいです。

英 *It is difficult to translate this text.*

Il est「それは〜だ」 difficile「難しい」 traduire「翻訳する」 ce texte「このテキスト」

● 基本例文 054

① **Il est difficile de parler anglais.**
英語を話すのは難しいです。

② **Il est difficile de parler japonais.**
日本語を話すのは難しいです。

③ **Il est difficile de le comprendre.**
彼を理解するのは難しいです。

④ **Il est difficile de la comprendre.**
彼女を理解するのは難しいです。

⑤ **Il est difficile d'apprécier sa musique.**
彼（女）の音楽を評価するのは難しいです。

⑥ **Il est difficile d'apprécier ses peintures.**
彼（女）の絵を評価するのは難しいです。

⑦ **Il est difficile de prononcer le français.**
フランス語を発音するのは難しいです。

⑧ **Il est difficile de prononcer le russe.**
ロシア語を発音するのは難しいです。

⑨ **Il est difficile de s'entendre avec lui.**
彼とうまくやるのは難しいです。

⑩ **Il est difficile d'être élégant.**
エレガントでいるってことは難しいです。

●— 基本例文の用法

---
① **Il est difficile de parler anglais.**

Il は後ろの de parler anglais「英語を話すこと」という名詞句を受けています。Il est difficile de 〜は英語で言えば *It is difficult to* 〜に近い表現です。

---
③ **Il est difficile de le comprendre.**
---

de le comprendre「彼を理解すること」の le「彼を」は直接目的語です。④のように「彼女を」なら la となります。

---
⑤ **Il est difficile d'apprécier sa musique.**
---

apprécier は「評価する」「鑑定する」の意味で、sa musique は「彼の音楽」または「彼女の音楽」の両方の意味の可能性がありますから、文脈で判断します。

---
⑦ **Il est difficile de prononcer le français.**
---

prononcer は「発音する」の意味です。français に le を付けると強調となります。⑧の le russe も同様です。①の anglais も l'anglais でもかまいません。②の japonais も le japonais でもよいです。

---
⑨ **Il est difficile de s'entendre avec lui.**
---

s'entendre avec 〜で「〜とうまくやっていく」（代名動詞）の意味です。

lui は強勢形の代名詞で、このように前置詞のあとなどに使われます。「彼女と」なら avec elle です。

---
⑩ **Il est difficile d'être élégant.**

être élégant は「エレガントであること」という状態を表します。

(1) Il m'est difficile de garder le silence.
私にとって沈黙を守るのは難しいです。

(2) Il m'est difficile de patienter.
私にとってじっと待っているのは難しいです。

(3) Il est facile de lire ce livre.
この本を読むのは簡単です。

(4) Il est facile d'écrire le devoir.
宿題のレポートを書くのは簡単です。

［解説］

(1) Il m'est difficile de garder le silence.

　Il m'est difficile de 〜は英語で言えば *It is difficult for me to* 〜という感じでしょうか。m' は「私にとって」という間接目的語になります。後ろに est という母音で始まる動詞が来ているので m' の形になっています。

(3) Il est facile de lire ce livre.

　Il est facile de 〜で「〜するのは簡単だ」の意味です。英語では *It is easy to* 〜です。

(4) Il est facile d'écrire le devoir.

　devoir は「宿題」（名詞）の意味ですが、ここでは「書く」と言っていますから「レポート」のことです。

176

パターン 55 Il est possible de + (動詞の原形).

「～することは可能です」

Il est possible de participer.
参加することは可能です。

英 *It is possible to take part.*

Il est「それは～だ」 possible「可能な」「ありうる」 participer「参加する」

● 基本例文

055

① **Il est possible de me contacter.**
私に連絡することは可能です。

② **Il est possible de te contacter?**
君に連絡することは可能ですか？

③ **Il est possible de le contacter?**
彼に連絡することは可能ですか？

④ **Il est possible de la contacter?**
彼女に連絡することは可能ですか？

⑤ **Il est possible d'acheter un billet?**
切符を買うことは可能ですか？

⑥ **Il est possible d'acheter à la pièce?**
ばらで買うことは可能ですか？

⑦ **Il est possible de réserver une table?**
（レストランの）席を予約することは可能ですか？

⑧ **Il est possible de réserver une place?**
（劇場の）座席を予約することは可能ですか？

⑨ **Il est possible de réserver une chambre?**
（ホテルの）部屋を予約することは可能ですか？

⑩ **Il est possible d'annuler ma réservation?**
私の予約を取り消すことは可能ですか？

●─ 基本例文の用法

①**Il est possible de me contacter.**

possible は、は幅広く「可能だ」「ありうる」の意味で使われます。この場合の
contacter は他動詞なので、me は「私に」で、直接目的語です。

②の te、③の le、④の la も直接目的語です。

⑤ **Il est possible d'acheter un billet?**

un billet は紙幣のような形の切符（例えば劇場の切符）で、地下鉄のような切
符（あるいは固い切符）は un ticket と言います。

⑥ **Il est possible d'acheter à la pièce?**

à la pièce で「ばらで」（「一個一個別に」）という意味です。

⑦ **Il est possible de réserver une table?**

レストランでの予約は une table、劇場なら une place ⑧、ホテルだと une
chambre ⑨、と少し変わってきます。

⑩ **Il est possible d'annuler ma réservation?**

「キャンセルする」は annuler と言います。

●─ 発展例文と用法 *055*

(1) **Il est possible que j'aie un rhume.**
どうやら私は風邪をひいたらしいです。

(2) **Il est possible que j'aie tort.**
どうやら私が間違っているようです。

[解説]

> (1) **Il est possible que j'aie un rhume.**

　Il est possible que + (接続法)で、Il est possible de 〜とは意味が違ってきます。「どうやら〜らしい」になります。接続法というのは、動詞の活用の中でも特別な場合にのみ使うものですが、ここにあるような j'aie（発音は j'ai（直説法）に同じです）をまず基本としておさえておけばいいでしょう。

> (2) **Il est possible que j'aie tort.**

　j'aie tort は原形が avoir tort で「間違っている」の意味です。

パターン 56 Il manque +(名詞).

「〜が足りません」

Il manque une personne.

一人足りません。（集合の時などに）

英 *There is one person missing.*

manque; manquer「足りない」「欠けている」の現在形。une personne「一人」

● **基本例文**

056

① Il manque deux étudiants.
学生が 2 人、足りません。

② Il manque une page.
1 ページ、足りません。

③ Il manque dix euros.
10 ユーロ、足りません。

④ Il manque un pied.
（椅子などの）脚が 1 本、取れています。

⑤ Il manque une vis.
ねじが 1 個、足りません。

⑥ Il manque du poivre.
コショウがきいていません。

⑦ Il manque du sel.
塩がきいていません。

⑧ Il manque du sucre.
砂糖が足りません。

⑨ Il me manque de l'argent.
私はお金が足りません。

⑩ Il me manque du courage.
私には勇気が欠けています。

●─ 基本例文の用法

① Il manque deux étudiants.

Il manque 〜は非人称構文です。manque の原形 manquer は第一群規則動詞（er 型規則動詞）です。

⑥ Il manque du poivre.

du は数えられないもの（この場合は男性名詞）に付いてそのある程度の量を表す部分冠詞です。⑥の poivre や⑦の sel、⑧の sucre、⑩の courage に付いているのも同じ部分冠詞です。

⑨ Il me manque de l'argent.

argent は男性名詞ですが、それに付く部分冠詞は du ではなくて de l' となります。母音で始まっているからです。

Il me で「私にとって」（この場合の me は間接目的語）となるのは⑩と同じです。

●─ 発展例文と用法

056

(1) Paris me manque.
私はパリが恋しいです。

(2) Le Japon me manque.
私は日本が恋しいです。

(3) Tu me manques.
君がいなくて寂しい。

［解説］

(1) Paris me manque.

（主語）＋ me manque で「（主語）が私には足りない」ですから、「私は〜が恋しい」といった意味になります。

(3) Tu me manques.

英語なら *I miss you.* となりますが、フランス語ではこのように言います。
manques とつづりが少し違うのは Tu が主語だからです。

Il reste ~ .

「~が残っています」

Il reste un peu d'argent.

少しお金が残っています。

英 *There is a little money left.*

reste；rester「残っている」の現在形。un peu de ~「少しの~」 argent「お金」

● 基本例文

057

① **Il reste cent euros.**
100 ユーロ残っています。

② **Il reste deux cents euros.**
200 ユーロ残っています。

③ **Il reste un peu de pain.**
少しパンが残っています。

④ **Il reste un peu de vin.**
少しワインが残っています。

⑤ **Il reste un peu de courage.**
少し勇気が残っています。

⑥ **Il reste une seule chance.**
たった一つのチャンスが残っています。

⑦ **Il reste encore trois cents euros.**
まだ 300 ユーロ残っています。

⑧ **Il me reste des souvenirs.**
私には思い出が残っています。

⑨ **Il me reste du temps.**
私には時間が残っています。

⑩ **Il reste combien?**
あとどれくらい残っていますか？

●— 基本例文の用法

② **Il reste deux cents euros.**

Il reste ～ も非人称構文です。cent は「100」です。

deux cents「200」のように端数がない時は cent に s をつけます。端数の場合、例えば「250」は deux cent cinquante と cent に s はつけません。mille「1000」を使って「20 万」の場合なども deux cent mille となり cent に s はつきません。

③ **Il reste un peu de pain.**

un peu de ～で「少しの～」です。

⑥ **Il reste une seule chance.**

seule は「唯一の」で、女性名詞についています。男性名詞の前なら seul です。

⑦ **Il reste encore trois cents euros.**

encore は副詞で「まだ」の意味です。trois cents については②と同様です。

⑧ **Il me reste des souvenirs.**

Il me reste ～で「私には～が残っている」の意味です。この場合の me は間接目的語で「私にとって」の意味です。

⑨ **Il me reste du temps.**

du temps の du は部分冠詞で、「いくらかの」の意味です。

⑩ **Il reste combien?**

例えばクルマをバックさせているとき、それを見てくれている人にあとどれくらい動かせるかを聞くセリフです。

(1) Il ne me reste que trois euros.
私には3ユーロしか残っていません。

(2) Il ne me reste que toi.
私には君しか残っていません。

［解説］

（1）**Il ne me reste que trois euros.**

ne ... que ～で英語で言えば *only* で「～しか…ない」の意味ですから上記のような意味になります。

（2）**Il ne me reste que toi.**

ne ... que ～のパターンで、que の後ろには強勢形の代名詞 toi が来ます。

パターン 58 Il importe de + (動詞の原形).

「～することが重要です」

Il importe d'accepter cette proposition.
その提案を受け入れることが重要です。

英 *It is important to accept the proposition.*

importe ; importer「重要である」の現在形。accepter「受け入れる」 cette proposition「その提案」

●— 基本例文

058

① **Il importe d'agir vite.**
すぐ行動することが重要です。

② **Il importe d'arriver à l'heure.**
時間通りに着くことが重要です。

③ **Il importe de dire la vérité.**
真実を述べることが重要です。

④ **Il importe de ne rien dire.**
何も言わないことが重要です。

⑤ **Il importe de faire attention.**
注意することが重要です。

⑥ **Il importe de discuter.**
議論することが重要です。

⑦ **Il importe de se comprendre.**
理解し合うことが重要です。

⑧ **Il importe d'être honnête.**
誠実であることが重要です。

⑨ **Il importe d'être fidèle.**
忠実であることが重要です。

⑩ **Il importe d'être ponctuel.**
時間をしっかり守ることが重要です。

② **Il importe d'arriver à l'heure.**

Il は非人称構文です（「彼」と訳さない構文）。

importer「重要である」「大事だ」の意味です。

à l'heure で「時間通りに」「定刻に」の意味です。

④ **Il importe de ne rien dire.**

ne rien ＋（動詞の原形）で「何も～しない」の意味です。

⑦ **Il importe de se comprendre.**

se comprendre で「お互いに理解し合う」の意味で、この場合の se は「お互いに」の意味になります。

⑧ **Il importe d'être honnête.**

honnête は「正直な」「誠実な」の意味の形容詞です。

⑩ **Il importe d'être ponctuel.**

ponctuel は「時間厳守の」という形容詞（男性形）です。女性形は ponctuelle です。

●─ **発展例文と用法**　　　　　　　　　　　　　　　　*058*

(1)　**Peu importe son avis!**
　　彼の意見がなんだというのか！

(2)　**Peu importe ces critiques!**
　　そんな批判がなんだというのか！

［解説］

(1) Peu importe son avis!

Peu importe ＋（名詞）で「～がなんだというのか」という意味です。peu は副詞で「あまり～ない」「ほとんど～ない」（否定）の意味です。

第5章

助動詞的な働きの語を中心に

Je veux + (動詞の原形).

「〜したいのです」

Je veux partir.

もう失礼したいんだ。

英 *I want to leave.*

veux；vouloir「欲する」の現在形。partir「出発する」

●— **基本例文**

059

① Je veux sortir.
外出したいな。

② Je veux dormir.
眠りたいな。

③ Je veux rentrer.
帰りたいな。

④ Je veux réfléchir.
よく考えたいな。

⑤ Je veux marcher.
歩きたいな。

⑥ Je veux me promener.
散歩したいな。

⑦ Je veux me divertir.
気晴らしがしたいな。

⑧ Je veux jouer au tennis.
テニスがしたいな。

⑨ Je veux jouer au football.
サッカーがしたいな。

⑩ Je veux faire du sport.
スポーツがしたいな。

● 基本例文の用法

① **Je veux sortir.**

veux は vouloir「欲する」の変化したものです。vouloir は（パターン 64）の pouvoir「できる」と同じく、後ろに動詞の原形を伴って「〜したい」の意味ですから、文法的には助動詞的な働きをしています。vouloir の活用は次の通りです。

je veux	「私は欲する」
tu veux	「君は欲する」
il veut	「彼は欲する」
elle veut	「彼女は欲する」
nous voulons	「私たちは欲する」
vous voulez	「あなた（たち）は欲する」
ils veulent	「彼たちは欲する」
elles veulent	「彼女たちは欲する」

⑦ **Je veux me divertir.**

me divertir は代名動詞で「気晴らしをする」の意味です。

⑧ **Je veux jouer au tennis.**

jouer au tennis「テニスをする」です。一般に jouer à ＋（スポーツ名）で「スポーツをする」です。à ＋ le tennis → au tennis です。

⑩ **Je veux faire du sport.**

faire du sport で「スポーツをする」です。この du は部分冠詞です。

(1) Je veux que tu sortes.
君には出て行ってもらいたい。

(2) Je veux que tu fasses attention.
君には注意してもらいたい。

[解説]

(1) Je veux que tu sortes.

　Je veux que ＋（主語）＋（動詞の接続法現在形）で「（主語）が〜することを私は欲する」が直訳です。sortes は sortir「出る」の接続法現在形です。

(2) Je veux que tu fasses attention.

　fasses は faire「する」の接続法現在形です。「君が注意することを私は欲する」が直訳です。

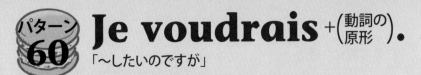

パターン 60　Je voudrais + (動詞の原形).

「〜したいのですが」

Je voudrais acheter du vin.

ワインが買いたいのですが。

英 *I would like to buy some wine.*

voudrais；vouloir「欲する」の条件法現在形。acheter「買う」　du vin「いくらかのワイン」

●―基本例文

060

① **Je voudrais acheter ces cerises.**
このサクランボが買いたいのですが。

② **Je voudrais acheter une écharpe.**
スカーフが買いたいのですが。

③ **Je voudrais voir Monsieur Cadot.**
カド氏に会いたいのですが。

④ **Je voudrais vous voir seul.**
あなたと二人きりで会いたいのですが。

⑤ **Je voudrais parler à Monsieur Martin.**
マルタン氏にお話ししたいのですが。

⑥ **Je voudrais manger quelque chose de léger.**
何か軽いものが食べたいのですが。

⑦ **Je voudrais boire quelque chose de fort.**
何か強いものが飲みたいのですが。

⑧ **Je voudrais me reposer un peu.**
少し休みたいのですが。

⑨ **Je voudrais goûter ça.**
それを味見したいのですが。

⑩ **Je voudrais essayer ça.**
それをやってみたいのですが。

●─ 基本例文の用法

① **Je voudrais acheter ces cerises.**

　voudrais は vouloir「欲する」の条件法現在形と言われるもので、語気緩和の役目をします。したがって「〜したいのですが」というニュアンスになります。

④ **Je voudrais vous voir seul.**

　vous voir seul で「あなただけに会う」の意味です。seul は副詞的に用いられ「〜だけ」の意味です。

⑥ **Je voudrais manger quelque chose de léger.**

　quelque chose「何か」の後ろに de ＋（男性単数形の形容詞）、例えば de léger「軽い」を付け、「何か軽いもの」となります。

⑦ **Je voudrais boire quelque chose de fort.**

　⑥同様に de fort を後ろからつけて「何か強いもの」です。

⑧ **Je voudrais me reposer un peu.**

　me reposer は代名動詞で「休む」の意味です。

●─ 発展例文と用法

060

(1) **Je voudrais que tu sois là.**
　君にいてもらいたいんだが。

(2) **Je voudrais que tu viennes.**
　君に来てもらいたいんだが。

［解説］

(1) Je voudrais que tu sois là.

　Je voudrais que ＋ (主語) ＋ (接続法現在形) で「〜してもらいたいのですが」の意味になります。ここでは sois が être「である」の接続法現在形です。接続法は使われる頻度は低いので、あまり気にする必要はありません。

(2) Je voudrais que tu viennes.

　viennes は venir「来る」の接続法現在形です。

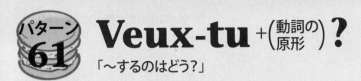

パターン 61

Veux-tu +(動詞の原形)?

「〜するのはどう?」

Veux-tu aller au musée?

あの美術館に行くのはどう?

英 *Why not go to the museum?*

veux は；vouloir の現在形。aller au musée「あの美術館に行く」

● 基本例文

061

① **Veux-tu venir dîner?**
夕ご飯に来るのはどう?

② **Veux-tu passer chez moi?**
うちに寄ってくのはどう?

③ **Veux-tu manger quelque chose?**
何か食べるってのはどう?

④ **Veux-tu boire quelque chose?**
何か飲むってのはどう?

⑤ **Veux-tu regarder la télé?**
テレビを見るのはどう?

⑥ **Veux-tu regarder mon album?**
私のアルバムを見てみる?

⑦ **Veux-tu le voir?**
彼に会ってみる?

⑧ **Veux-tu la voir?**
彼女に会ってみる?

⑨ **Veux-tu m'accompagner?**
一緒に行くってのはどう?

⑩ **Veux-tu jeter un coup d'œil?**
ちょっと見てみない?

194

● **基本例文の用法**

① **Veux-tu venir dîner?**

veux は vouloir「欲する」の変化したもの(tu につく)ですが、Veux-tu ～ ? と疑問文にすると「するのはどう～ ? 」と相手に対して軽く促す意味の文になります。活用は(パターン 59)、p.189 にあります。

② **Veux-tu passer chez moi?**

passer chez ～で「～の家に寄る」の意味です。chez は前置詞なのでこの後ろに来る代名詞は強勢形になります。

③ **Veux-tu manger quelque chose?**

quelque chose は「何か」の意味です。

⑨ **Veux-tu m'accompagner?**

m'accompagner は「私に同行する」の意味です。

⑩ **Veux-tu jeter un coup d'œil?**

jeter は文字どおりは「投げる」、un coup d'œil は「ちらっと見ること」の意味です。合わせて「ちょっと見てみる」です。よく使います。

● **発展例文と用法** *061*

(1) **Veux-tu bien te taire.**
　　黙らないか。

［解説］

se taire で「黙る」です。ここでは Veux-tu は ? さえも付いておらず、命令文のニュアンスです。

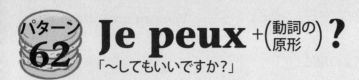

パターン 62

Je peux +(動詞の原形)**?**

「〜してもいいですか?」

Je peux vous poser une question?

質問をしてもいいですか?

英 *Can I ask you a question?*

peux; pouvoir「〜できる」の現在形。poser「(問題などを)出す」 une question「一つの質問」

●— 基本例文

 062

① **Je peux partir?**
帰ってもいいですか?

② **Je peux fumer?**
タバコを吸ってもいいですか?

③ **Je peux vous déranger?**
(会話に)割り込んでもいいですか?

④ **Je peux m'en aller?**
もう行ってもいいですか?

⑤ **Je peux utiliser ton ordinateur?**
君のパソコンを使ってもいいですか?

⑥ **Je peux regarder un peu?**
ちょっと見てもいいですか?

⑦ **Je peux rester ici?**
ここにいてもいいですか?

⑧ **Je peux marcher sur la pelouse?**
芝生の上を歩いてもいいですか?

⑨ **Je peux aller au cinéma?**
映画に行ってもいいですか?

⑩ **Je peux m'absenter demain?**
明日欠席してもいいですか?

●— 基本例文の用法

③ Je peux vous déranger?

peux は pouvoir「できる」の変化したものです。pouvoir は(パターン59)の vouloir「欲する」と同じく、後ろに動詞の原形を伴って「〜できる」の意味ですから、文法的には助動詞的な働きをしています。

pouvoir の活用は次の通りです。

je peux	「私はできる」
tu peux	「君はできる」
il peut	「彼はできる」
elle peut	「彼女はできる」
nous pouvons	「私たちはできる」
vous pouvez	「あなた(たち)はできる」
ils peuvent	「彼たちはできる」
elles peuvent	「彼女たちはできる」

déranger は「邪魔をする」「迷惑をかける」といった意味ですから、誰かが会話をしている時にこう言えば「会話に割り込んでいい?」となります。

④ Je peux m'en aller?

m'en aller は原形が s'en aller で「立ち去る」という熟語です。

je m'en vais	「私は立ち去る」
tu t'en vas	「君は立ち去る」
vous vous en allez	「あなた(たち)は立ち去る」

のように使います。

⑧ Je peux marcher sur la pelouse?

フランスには入ってはいけない芝生がけっこうありますから、覚えておくといいですね。

⑩ **Je peux m'absenter demain?**

m'absenter で「留守にする」「不在にする」の意味です。être absent(e) でもか
まいません。

● 発展例文と用法

(1) Je ne peux pas ne pas me fâcher.
怒らないわけにはいきません。

［解説］

ne pas me fâcher で「怒らない」ですから、「怒らないことはできない」で「怒
らないわけにはいきません」です。

したがって一般に Je ne peux pas ne pas ＋（動詞の原形）で「〜しないわけに
はいかない」の意味になります。

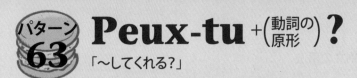

Peux-tu +（動詞の原形）?

「〜してくれる?」

Peux-tu m'aider un peu?

ちょっと助けてくれる?

英 *Can you help me a little?*

m'aider「私を助ける」

● 基本例文

063

① **Peux-tu donner un exemple?**
例をあげてくれる?

② **Peux-tu passer l'aspirateur?**
掃除機をかけてくれる?

③ **Peux-tu sortir la poubelle?**
ゴミをだしてくれる?

④ **Peux-tu arrêter de fumer?**
タバコを吸うのをやめてくれる?

⑤ **Peux-tu indiquer l'heure du rendez-vous?**
集合の時間を決めてくれる?

⑥ **Peux-tu me suivre?**
後に付いてきてくれる?

⑦ **Peux-tu m'escorter?**
エスコートしてくれる?

⑧ **Peux-tu me renseigner?**
情報を教えてくれる?

⑨ **Peux-tu me donner son numéro de portable?**
彼(女)の携帯番号を教えてくれる?

⑩ **Peux-tu me donner ton avis?**
君の意見を教えてくれる?

●─ 基本例文の用法

> ① Peux-tu donner un exemple?

（パターン23）で見たように donner には「教える」や「言う」の意味があります。ここでは「例をあげる」となります。

> ② Peux-tu passer l'aspirateur?

ここの passer は「かける」「拭く」の意味で使われています。「（物）にアイロンをかける」は repasser ＋（物）になります。

> ③ Peux-tu sortir la poubelle?

ここでは sortir は他動詞として使われ「外に出す」の意味です。

> ⑤ Peux-tu indiquer l'heure du rendez-vous?

indiquer は「指し示す」のほかに「教える」「告げる」の意味があります。ここではその意味です。

> ⑧ Peux-tu me renseigner?

renseigner は「情報をあたえる」の意味です。

> ⑨ Peux-tu me donner son numéro de portable?

この donner も「教える」の意味で使われています。

> ⑩ Peux-tu me donner ton avis?

donner については同上です。

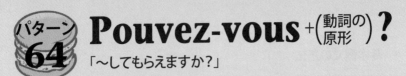

Pouvez-vous +(動詞の原形)?

「〜してもらえますか?」

Pouvez-vous m'indiquer le chemin?

道を教えてもらえますか?

英 *Can you show me the way?*

pouvez；pouvoir「〜できる」の現在形。indiquer「指し示す」 le chemin「道」

● **基本例文**

064

① **Pouvez-vous ouvrir la porte?**
ドアを開けてもらえますか?

② **Pouvez-vous apporter mes valises?**
私のスーツケースを運んできてもらえますか?

③ **Pouvez-vous m'expliquer un peu?**
私に少し説明してもらえますか?

④ **Pouvez-vous montrer ça?**
それをみせてもらえますか?

⑤ **Pouvez-vous m'accorder un peu de temps?**
私に少し時間を割いてもらえますか?

⑥ **Pouvez-vous réserver une place pour moi?**
私の代わりに席を予約してもらえますか?

⑦ **Pouvez-vous corriger mes erreurs?**
私のミスを訂正してもらえますか?

⑧ **Pouvez-vous me remplacer?**
私の代わりをしてもらえますか?

⑨ **Pouvez-vous conduire pour moi?**
私の代わりに運転してもらえますか?

⑩ **Pouvez-vous m'indiquer un bon hôtel?**
どこか良いホテルを教えてもらえますか?

① Pouvez-vous ouvrir la porte?

Pouvez は pouvoir「～できる」の変化したもの（vous につく）で、Pouvez-vous ～ ? と疑問文にすると「～してもらえますか」とやや丁寧な依頼の表現になります。英語で言えば *Can you* ～ ? *(Will you* ～ *?)* の感じです。

② Pouvez-vous apporter mes valises?

apporter は「（物を）持ってくる」の意味で、emporter だと「（物を）持っていく」です。

⑤ Pouvez-vous m'accorder un peu de temps?

accorder はここでは「（時間などを）割く」の意味で使われています。

⑥ Pouvez-vous réserver une place pour moi?

pour moi は「私の代わりに」の意味です。

⑧ Pouvez-vous me remplacer?

remplacer ＋（名詞）は「（名詞）の代わりをする」です。me はここではこの名詞が直接目的語となったものです。

⑩ Pouvez-vous m'indiquer un bon hôtel?

indiquer は「教える」「告げる」の意味で使われます。

パターン 65

Pourriez-vous +(動詞の原形)?

「～していただけますか?」

Pourriez-vous ouvrir la fenêtre?
窓を開けていただけますか?

英 *Could you open the window?*

pourriez；pouvoir「～できる」の条件法。ouvrir「開ける」 la fenêtre「窓」

● 基本例文

065

① **Pourriez-vous vous serrer un peu?**
(電車などで)少し詰めていただけますか?

② **Pourriez-vous me donner du feu?**
火を貸していただけますか?

③ **Pourriez-vous me donner un coup de main?**
ちょっと手を貸していただけますか?

④ **Pourriez-vous me prêter de l'argent?**
お金を貸していただけますか?

⑤ **Pourriez-vous me conseiller?**
アドバイスしていただけますか?

⑥ **Pourriez-vous ramasser tout ça?**
それ全部集めていただけますか?

⑦ **Pourriez-vous débarrasser la table?**
テーブルの上を片付けていただけますか?

⑧ **Pourriez-vous faire la vaisselle?**
皿を洗っていただけますか?

⑨ **Pourriez-vous garer votre voiture ici?**
あなたのクルマはここに駐車していただけますか?

⑩ **Pourriez-vous fumer là-bas?**
タバコは向こうで吸っていただけますか?

●— 基本例文の用法

① Pourriez-vous vous serrer un peu?

Pourriez は pouvoir「～できる」の vous に付く条件法現在という形で、丁寧さを表しますから、Pourriez-vous ～ ?「～してもらえますか？」となり、英語で言えば *Can you ～ ?* よりさらに丁寧な *Could you ～ ? (Do you mind ～ ing?)* の感じでしょう。また、se serrer で「間隔を詰める」の意味です。

② Pourriez-vous me donner du feu?

donner du feu で「火を貸す」です。donner は「与える」です。

③ Pourriez-vous me donner un coup de main?

un coup de main で「ちょっと手を貸す」こと、つまり「手助け」の意味です。coup は「(人の体の)動き」、main は「(人の)手」です。

⑥ Pourriez-vous ramasser tout ça?

ramasser は「拾い集める」です。

⑦ Pourriez-vous débarrasser la table?

débarrasser は「(邪魔なものを)取り除く」「片付ける」ことです。「厄介払いする」の意味もあるので、気を付けましょう。

⑧ Pourriez-vous faire la vaisselle?

faire la vaisselle で「皿を洗う」という慣用表現です。

パターン 66

J'ai dû + (動詞の原形).
「どうも～したらしいです」

J'ai dû prendre froid.
どうも風邪をひいたらしいのです。

英 *I must have caught a cold.*

dû；devoir「にちがいない」の過去分詞。prendre「(病気などに)かかる」 froid「風邪」

●— 基本例文

066

① **J'ai dû me tromper.**
どうも思い違いをしたようです。

② **J'ai dû me tromper de route.**
どうも道を間違えたようです。

③ **J'ai dû me tromper de date.**
どうも日にちを間違えたようです。

④ **J'ai dû me tromper de numéro.**
どうも番号を間違えたようです。

⑤ **J'ai dû avoir tort.**
どうも私が間違っていたようです。

⑥ **J'ai dû faire une erreur.**
どうもミスをしたようです。

⑦ **J'ai dû faire une bêtise.**
どうもバカなことをしたようです。

⑧ **J'ai dû la fâcher.**
どうも彼女を怒らせたようです。

⑨ **J'ai dû le fâcher.**
どうも彼を怒らせたようです。

⑩ **J'ai dû tomber amoureux (amoureuse).**
どうも恋をしたようです。

●─ 基本例文の用法

---
① J'ai dû me tromper.
---

　devoir は推定・可能性を表し「にちがいない」「のはずだ」「きっとだろう」の意味。助動詞的に使われます。その過去分詞が dû で J'ai dû で複合過去形(つまり過去形)となります。me tromper(代名動詞)で「思い違いをする」です。

---
② J'ai dû me tromper de route.
---

　me tromper の後ろに de route をつければ「道を間違える」となります。

---
③ J'ai dû me tromper de date.

　同様に de date をつければ「日にちを間違える」です。

---
⑤ J'ai dû avoir tort.
---

　avoir tort で「間違っている」という熟語です。

---
⑥ J'ai dû faire une erreur.
---

　faire une erreur で「ミスをする」の意味です。

---
⑧ J'ai dû la fâcher.
---

　la fâcher で「彼女を怒らせる」です。la は「彼女を」という意味で直接目的語になります。

---
⑩ J'ai dû tomber amoureux (amoureuse).
---

　tomber amoureux で「恋に落ちる」(主語が男性)です。主語が女性なら amoureux の女性形である amoureuse を用います。

● 発展例文と用法 *066*

(1) **Ça doit être intéressant.**
それは面白そうですね。

(2) **Ça doit être monotone.**
それはつまらなさそうですね。

［解説］

(1) (2)共に〈devoir「にちがいない」の三人称単数の現在形 doit〉＋ être ＋〈形容詞〉の形です。

第6章
疑問詞を中心に

Qu'est-ce que~?

パターン **67**

「何を~しますか?」

Qu'est-ce que vous cherchez?
何を探しているのですか?

英 *What are you looking for?*

qu'est-ce que「何を」 cherchez；chercher「探す」の現在形。

● **基本例文**

067

① Qu'est-ce que tu cherches?
何を探しているの?

② Qu'est-ce que vous regardez?
何を見ているんですか?

③ Qu'est-ce que tu regardes?
何を見ているの?

④ Qu'est-ce que vous aimez comme gâteau?
お菓子で好きなものは何ですか?

⑤ Qu'est-ce que tu aimes comme boisson?
飲み物で好きなものは何?

⑥ Qu'est-ce que vous racontez?
何を話しているんですか?

⑦ Qu'est-ce que tu racontes?
何を話しているの?

⑧ Qu'est-ce que vous buvez?
何を飲んでいますか?

⑨ Qu'est-ce que tu bois?
何を飲んでいるの?

⑩ Qu'est-ce qu'il y a?
どうしたの?

● 基本例文の用法

① Qu'est-ce que tu cherches?

　Qu'est-ce que は疑問詞で、動詞の目的語となります。後ろに主語＋動詞を平叙文の語順に置きます(倒置の必要はありません)。

④ Qu'est-ce que vous aimez comme gâteau?

⑤ Qu'est-ce que tu aimes comme boisson?

　(パターン 19) J'aime ～ .「私は～が好きです」で見たように aimer は第一群規則動詞と呼ばれ、この規則動詞(er 型)はフランス語の動詞の約 9 割を占めています。comme は前置詞で「～として」の意味です。

⑥ Qu'est-ce que vous racontez?

　raconter「語る」「話す」も aimer と同じく第一群規則動詞です。

⑧ Qu'est-ce que vous buvez?

　buvez は原形が boire「飲む」で、不規則動詞です。　　　　(意味は p.260 参照)

| je bois | tu bois | il boit | elle boit |
| nous buvons | vous buvez | ils boivent | elles boivent |

⑩ Qu'est-ce qu'il y a?

　直訳だと「そこに何がありますか?」となり、実際この意味で使われる場合もあるでしょう。Qu'est-ce que が il y a の a (avoir「持つ」の活用したもの)の目的語となっています。

● 発展例文と用法

067

(1) Qu'est-ce que c'est?
これは何ですか?

[解説]

　ここでは Qu'est-ce que は c'est の属詞(英語でいう補語)になっていて目的語ではありません。

パターン 68 Qui ~?
「誰が〜しますか？」

Qui vient?
誰が来るんですか？

英 *Who is coming?*

qui「誰が」　vient；venir「来る」の現在形。

●— **基本例文**　　　　　　　　　　　　068

① **Qui est là?**
誰ですか？（ドアのノックに対して）

② **Qui est d'accord?**
誰が了解してるの？

③ **Qui vient avec toi?**
誰が君と一緒に行くの？

④ **Qui dit ça?**
誰がそう言ってるの？

⑤ **Qui fait ça?**
誰がそれをしてるの？

⑥ **Qui a raison?**
誰が正しいの？

⑦ **Qui a tort?**
誰が間違っているの？

⑧ **Qui sait?**
誰も知らないよ。（誰が知ってるの？）

⑨ **Qui aime ça?**
誰がそれを好きなの？

⑩ **Qui t'aime?**
誰が君を好きなの？

●— 基本例文の用法

① Qui est là?

Qui は疑問代名詞で主語を表します（英語の *who*）。「誰が」の意味です。est là で「そこにいる」が直訳です。ドアにノックがあった時に「誰がそこにいるの？」の感じで言っています。

② Qui est d'accord?

être d'accord で「意見が一致している」の意味ですから、「承知しているのは誰？」と聞いています。

⑥ Qui a raison?　　⑦ Qui a tort?

avoir raison で「正しい」avoir tort で「間違っている」です。英語の *who* と同じように動詞は三人称単数を用いますから、avoir の三人称単数形 a を用います。

⑧ Qui sait?

いわゆる修辞疑問文と言われる形です。「誰が知っているだろうか、いや誰も知らない」のパターンで、否定の意味です。

⑩ Qui t'aime?

t'aime で「君を愛する」。t' は te「君を」が後ろに aime という母音で始まる動詞が来たので t' となりました（母音消失）。

●— 発展例文と用法

068

(1) Qui est-ce?
それは誰？

(2) Qui est Madame Dupont?
デュポン夫人って誰？

[解説]

上記の Qui はともに主語ではなく、属詞（英語では補語）です。(1) では主語は est-ce の ce で (2) では主語は Madame Dupont です。

パターン 69

Qui ~?

「誰を〜しますか?」

Qui invites-tu?

誰を招待してるの?

英 *Who do you invite?*

qui「誰を」 invites；inviter「招待する」の現在形。

●—基本例文

069

① **Qui invitez-vous?**
誰を招待していますか?

② **Qui aimes-tu?**
誰を愛しているの?

③ **Qui aimez-vous?**
誰を愛していますか?

④ **Qui cherches-tu?**
誰を探しているの?

⑤ **Qui cherchez-vous?**
誰を探していますか?

⑥ **Qui attends-tu?**
誰を待っているの?

⑦ **Qui attendez-vous?**
誰を待っていますか?

⑧ **Qui vois-tu?**
誰に会うの?

⑨ **Qui voyez-vous?**
誰に会うのですか?

⑩ **Qui regardes-tu?**
誰を見ているの?

214

●─ 基本例文の用法

① Qui invitez-vous?

ここの Qui は疑問代名詞で目的語を表します(英語の *whom* もしくは *who*)。「誰を」「誰に」の意味です。

invitez は第一群規則動詞(原形 inviter)です。

Qui のあとに主語と動詞を逆に置き、間に短いハイフンを入れます(倒置形にします)。

⑥ Qui attends-tu?

⑦ Qui attendez-vous?

attends, attendez (原形 attendre「待つ」)は不規則動詞です。活用は以下のようになります。

j'attends	tu attends	il attend	elle attend
nous attendons	vous attendez	ils attendent	elles attendent

(意味は p.261 参照)

⑩ Qui regardes-tu?

regardes は第一群規則動詞(原形は regarder「見る」)です。

「何を見ているの?」と言いたい時は

    Que regardes-tu?

です。Qui ではなく Que(物の場合)を使います。

また(パターン 67)で見ましたが Qu'est-ce que「何を」を用いると

    Qu'est-ce que tu regardes?

となります。この時は倒置にする必要はありません。

Quel(Quelle) ~ ?

パターン 70

「どの〜?」「何?」「誰?」

Quelle heure est-il?

今、何時ですか?

英 *What time is it now?*

quelle「どの」 heure「時間」 est-il（英語の *is it*）

● **基本例文**

070

① Quel âge avez-vous?
あなたは何才ですか?

② Quel âge as-tu?
君は何才ですか?

③ Quel temps fait-il?
どんな天気ですか?

④ Quelle couleur aimez-vous?
どんな色が好きですか?

⑤ Quelle chanson te plaît?
どの歌が気に入っている?

⑥ Quel est votre nom?
あなたの名前は何ですか?

⑦ Quel est votre parapluie?
あなたの傘はどれですか?

⑧ Quel est votre numéro de téléphone?
あなたの電話番号は何番ですか?

⑨ Quelle est cette dame?
この女性は誰ですか?

⑩ Quel est cet arbre?
この木は何の木ですか?

216

● 基本例文の用法

---
① Quel âge avez-vous?

Quel は後に男性名詞が来る時です。女性名詞が来る時は Quelle の形になります。意味は「どんな」「どの」「何」です。英語では *what* や *which* に相当します。

---
③ Quel temps fait-il?
---

fait-il は（パターン 47）で見ましたが、天気を表しています。「天気は〜だ」の意味です。Quel temps「どんな天気？」です。

---
④ Quelle couleur aimez-vous?
---

couleur が女性名詞なので Quelle となりました。

---
⑥ Quel est votre nom?

ここでは Quel は属詞（英語の補語）として使われています。「何？」の意味です。nom が男性名詞なので Quel の形です。

---
⑧ Quel est votre numéro de téléphone?

ここでも numéro が男性名詞なので Quel の形です。

---
⑨ Quelle est cette dame?

この Quelle は「誰？」の意味です。dame が女性名詞ですからこの形です。

● 発展例文と用法

070

(1) Quelle chaleur!
なんて暑さ！

(2) Quelle idée!
なんて妙な考えだ！

［解説］

いずれも Quelle は感嘆文を作る付加形容詞です。「なんという！」の意味です。

À quelle heure~?

「何時に~しますか?」

À quelle heure commence-t-il?

それは何時に始まるのですか?

英 *When will it begin?*

à ~「~に」(時刻)　quelle heure「何時」　commence ; commencer「始まる」の現在形。

●—**基本例文**

071

① **À quelle heure commence-t-il le concert?**
コンサートは何時に始まりますか?

② **À quelle heure commence-t-il le match?**
試合は何時に始まりますか?

③ **À quelle heure commence-t-il le cours?**
授業は何時に始まりますか?

④ **À quelle heure commence-t-elle la pièce de théâtre?**
演劇は何時に始まりますか?

⑤ **À quelle heure commence-t-elle la soirée?**
パーティは何時に始まりますか?

⑥ **À quelle heure commence-t-elle la conférence?**
会議は何時に始まりますか?

⑦ **À quelle heure viens-tu?**
君は何時に来る?

⑧ **À quelle heure venez-vous?**
あなたは何時に来ますか?

⑨ **À quelle heure se voit-on?**
何時に待ち合わせる?

⑩ **À quelle heure partez-vous?**
何時に出発するのですか？

● **基本例文の用法**

① **À quelle heure commence-t-il le concert?**

À quelle heur は英語に直訳すると *What time* の感じです。

commence-t-il は倒置形になっています。commence は第一群規則動詞 commencer「始まる」の三人称単数形で、il は後ろにある le concert（男性名詞）を受ける代名詞です。

間に t がありますが、発音しやすくするために入っています。これは第一群規則動詞（er型規則動詞）が三人称単数になって、かつ倒置形になると必要です。

④ **À quelle heure commence-t-elle la pièce de théâtre?**

ここでは後ろの la pièce de théâtre が女性名詞なので、代名詞は elle となっています。

⑦ **À quelle heure viens-tu?**

viens-tu は倒置形になっています。

⑨ **À quelle heure se voit-on?**

se voit-on も on se voit「お互いに会う（直訳）」の倒置形です。

⑩ **À quelle heure partez-vous?**

partez は partir「出発する」の vous に付く形です。活用は以下のとおりです。

je pars	tu pars	il part	elle part
nous partons	vous partez	ils partent	elles partent

（意味は p.261 参照）

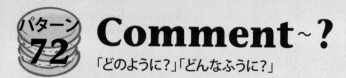

パターン 72
Comment~?
「どのように?」「どんなふうに?」

Comment faire ça?
それはどんなふうにやればいいの?

英 *How should I do that?*

faire「する」　ça「それ」

●—**基本例文**

072

① **Comment dire?**
どう言えばいいのかな?

② **Comment répondre?**
どう答えればいいのかな?

③ **Comment y aller?**
どうやってそこに行けばいいのかな?

④ **Comment écrire ça?**
それはどう書いたらいいのかな?

⑤ **Comment manger ça?**
それはどうやって食べたらいいの?

⑥ **Comment jouer avec ça?**
これはどうやって遊ぶの?

⑦ **Comment trouver cet endroit?**
どうやってその場所を見つけたらいいの?

⑧ **Comment allez-vous?**
お元気ですか?

⑨ **Comment vas-tu?**
元気?

⑩ **Comment ça va?**
元気かい?

●─ 基本例文の用法

① Comment dire?

Comment「どのように?」は英語で言えば *How* に相当する疑問詞です。た
だ英語と違って Comment +（動詞の原形）で「どのように～すればいいのです
か?」と簡単に言えることになります。

③ Comment y aller?

y aller で「そこに行く」です。y は副詞で「そこへ」「そこで」「そこに」
（= there）の意味で、動詞 aller の直前に置きます。

⑦ Comment trouver cet endroit?

cet は形容詞で「この」「その」の意味です。ce +（男性名詞）、cette +（女性
名詞）ですが、cet +（母音または無音の h で始まる男性名詞）の形を取ります。
これについては（パターン 39）基本例文⑧で述べています。複数名詞だと男性
女性名詞にかかわらず ces となります。

ce と cette については（パターン 19）と（パターン 29）でも述べています。

⑧ Comment allez-vous?

aller「行く」を使ってこの表現ができます。vous allez を倒置してハイフンを
入れています。

⑨ Comment vas-tu?

ここでは tu vas を倒置してハイフンを入れています。

⑩ Comment ça va?

くだけた表現 ça va を使っているので、ここでは倒置する必要はありません。

●─ 発展例文と用法　　　　　　　　　　　　*072*

(1) Comment ça?
とんでもない!

[解説]

ここでは Comment は（原因・理由）を聞いています。「どうして」の意味です。
強く発音すると「それ、どういうことよ?」から上記の意味になります。

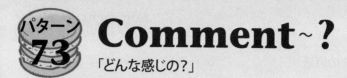

パターン 73 Comment~?

「どんな感じの?」

Comment est-il?

彼はどんな人?

英 *What is he like?*

comment「どんな」 est-il = is he

● 基本例文

073

① **Comment est-il, ce type?**
あいつはどんな人間なの?

② **Comment est-il, ton petit ami?**
君の彼氏はどんな人?

③ **Comment est-il, votre mari?**
あなたのご主人ってどんなかた?

④ **Comment est-elle, votre maison?**
あなたの家はどんな感じですか?

⑤ **Comment est-elle, ta petite amie?**
君の彼女はどんな人?

⑥ **Comment est-elle, ta robe?**
あなたのワンピースってどんなの?

⑦ **Comment trouvez-vous le Japon?**
日本はどうですか?

⑧ **Comment trouves-tu ce plat?**
この料理、どう思う?

⑨ **Comment la trouvez-vous?**
彼女のこと、どう思いますか?

⑩ **Comment le trouves-tu?**
彼のこと、どう思う?

●— 基本例文の用法

① Comment est-il, ce type?

type は「タイプ」「型」ですが、会話では「あいつ」「やつ」のような感じです。
est-il と言っておいてから il を ce type と受ける、フランス語特有の語順です。

② Comment est-il, ton petit ami?

これも il と言っておいてから ton petit ami と受けています。

④ Comment est-elle, votre maison?

ここでは votre maison が女性名詞ですから、elle を前に置いています。

⑦ Comment trouvez-vous le Japon?

trouver には「～であると評価する」「～であると思う」の意味がありますから、
たとえば

Je trouve ce livre intéressant.「私はこの本を面白いと思う」

(= *I find this book interesting.*)

のように使います。この intéressant（形容詞）の部分を Comment で聞いています。

⑨ Comment la trouvez-vous?

la は直接目的語で「彼女を」の意味です。動詞の直前に置きますからこの語順
になります。

例えば

Vous la trouvez jolie?　「彼女を可愛いと思いますか？」

のように使います。

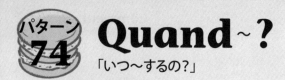

パターン 74 Quand ~ ?

「いつ〜するの?」

Quand pars-tu?

君はいつ出発するの?

英 *When will you leave?*

quand「いつ」 pars;partir「出発する」の現在形。

●— 基本例文

074

① **Quand partez-vous?**
いつ出発するのですか?

② **Quand arrives-tu?**
いつ着く?

③ **Quand arrivez-vous?**
いつ着きますか?

④ **Quand viens-tu me chercher?**
いつ迎えに来てくれる?

⑤ **Quand venez-vous me chercher?**
いつ迎えに来てくれますか?

⑥ **Quand reviens-tu au Japon?**
いつ日本にまた来る?

⑦ **Quand revenez-vous en France?**
いつまたフランスに来てくれますか?

⑧ **Quand vient-il le taxi?**
タクシーはいつ来ますか?

⑨ **Quand vient-elle votre sœur?**
あなたのお姉さんはいつ来ますか?

⑩ **Quand se revoit-on?**
今度いつまた会う?

●― 基本例文の用法

① Quand partez-vous?

Quand は英語の疑問詞 *when* に当たります。

partez は原形が partir で ir で終わっていますが、第二群規則動詞ではなく不規則動詞です。活用は(パターン 71)、p.219 のとおりです。

② Quand arrives-tu?

arrives は原形が arriver で第一群規則動詞ですから次のように活用します。

j'arrive	**tu arrives**	**il arrive**	**elle arrive**
nous arrivons	**vous arrivez**	**ils arrivent**	**elles arrivent**

（意味は p.261 参照）

④ Quand viens-tu me chercher?

viens-tu me chercher は tu viens me chercher「私を迎えに来る」の倒置形です。viens(＝venir)の活用は(パターン 27)を参照してください。

⑥ Quand reviens-tu au Japon?

reviens「再び来る」は原形が revenir で、venir「来る」と同じ種類の活用(最初に re を付ければいいわけです)をします。

⑧ Quand vient-il le taxi?

vient-il le taxi はまず il と置いておいてから、それを具体的に le taxi(男性名詞)と表します。

⑩ Quand se revoit-on?

se revoit-on は(パターン 71)の基本例文⑨に見た通りです。

on se voit「お互いに会う(直訳)」の倒置形です。

revoit なので「また会う」です。

(1) Depuis quand êtes-vous au Japon?
あなたはいつから日本にいますか？

[解説]

Depuis quand は英語で言えば *Since when*「いつから」になります。

パターン 75 Où ~?
「どこに?」「どこで?」

Où habitez-vous?
あなたはどこに住んでいますか?

英 *Where do you live?*

où「どこに(で)」 habite；habiter「住む」の現在形。

●― 基本例文

075

① **Où est-il?**
彼はどこにいますか?

② **Où est-elle?**
彼女はどこにいますか?

③ **Où habites-tu?**
君はどこに住んでいるの?

④ **Où travaillez-vous?**
あなたはどこで働いていますか?

⑤ **Où travailles-tu?**
君はどこで働いているの?

⑥ **Où vas-tu?**
君はどこへ行くの?

⑦ **Où allez-vous?**
あなたはどこへ行くのですか?

⑧ **Où as-tu mal?**
どこが痛いの?

⑨ **Où avez-vous mal?**
どこが痛いのですか?

⑩ **Où je mets ça?**
これはどこに置きますか?

●─ 基本例文の用法

① Où est-il?

Où は英語の *where*「どこに」「どこへ」に相当する疑問詞です。

また、est（原形 être）は英語の *be* 動詞にあたり、*be* 動詞同様「～である」と「～にいる」の二つの意味があります。ここではもちろん後者です。

③ Où habites-tu?

habites は第一群規則動詞（er 型規則動詞）です。（パターン 34）に活用がありますから参照してください。

④ Où travaillez-vous?

travaillez も第一群規則動詞（er 型規則動詞）です。

⑧ Où as-tu mal?

avoir mal で「痛い」ですからこの意味になります。avoir の活用は（パターン 10）にあります。

⑩ Où je mets ça?

je mets ça のように疑問詞のあとでも平叙文の語順で構いません（つまり必ずしも倒置しなくてもよいです）。mets は原形が mettre で活用は（パターン 33）にあります。

●─ 発展例文と用法

075

(1) D'où venez-vous?
どこから来たのですか？（お国はどちらですか？）

[解説]

De「～から」+ où「どこ」= D'où「どこから」となります。（パターン 8）発展例文 (1)(2)(3)にもあります。

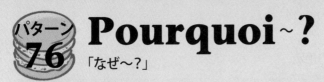
Pourquoi ~?

「なぜ～?」

Pourquoi es-tu en colère?

なぜ怒っているの?

英 *Why are you angry?*

pourquoi「なぜ」 en colère「怒って」

●—**基本例文**

① **Pourquoi êtes-vous en colère?**
なぜ怒っているのですか?

② **Pourquoi es-tu en retard?**
なぜ遅刻したの?

③ **Pourquoi êtes-vous en retard?**
なぜあなたは遅刻したのですか?

④ **Pourquoi dis-tu ça?**
なぜそう言ってるの?

⑤ **Pourquoi dites-vous ça?**
なぜそう言っているのですか?

⑥ **Pourquoi rentres-tu si tard?**
なぜ帰りがこんなに遅いの?

⑦ **Pourquoi rentrez-vous si tard?**
なぜ帰りがこんなに遅いのですか?

⑧ **Pourquoi aimes-tu le Japon?**
なぜ日本が好きなの?

⑨ **Pourquoi aimez-vous la France?**
なぜフランスが好きなのですか?

⑩ **Pourquoi ce désordre?**
なぜこんなに散らかっているの?

●─ 基本例文の用法

---

① Pourquoi êtes-vous en colère?

Pourquoi は疑問詞で「なぜ」です。英語の *why* です。

être en colère「怒っている」です。être の活用は（パターン 8）にあります。

---

② Pourquoi es-tu en retard?

être en retard「遅刻する」です。

---

④ Pourquoi dis-tu ça?

dis は原形が dire「言う」です。活用は以下のようです。　　（意味は p.262 参照）

je dis	tu dis	il dit	elle dit
nous disons	vous dites	ils disent	elles disent

---

⑥ Pourquoi rentres-tu si tard?

rentres は原形が rentrer「帰る」で、第一群規則動詞（er 型規則動詞）です。

---

⑧ Pourquoi aimes-tu le Japon?

aimes は代表的な第一群規則動詞（er 型規則動詞）です。活用は（パターン 19）にあります。

---

⑩ Pourquoi ce désordre?

désordre「無秩序」「乱雑」の意味の名詞ですが、名詞をこのように pourquoi のあとにつけるだけで、「この乱雑さはどうして?」の意味になります。便利です。

●─ 発展例文と用法

076

(1) **Pourquoi pas?**
もちろん。

［解説］

「なぜいけないでしょうか？」の意味から「いいでしょう」や「もちろん（いいです）」の意味で使うことができます。

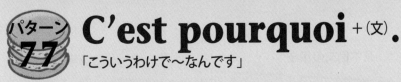

C'est pourquoi +（文）.

パターン 77

「こういうわけで～なんです」

C'est pourquoi je suis en colère.

こういうわけで怒っているんだ。

英 *This is why I am angry.*

C'est pourquoi ～ .「これは～の理由だ」→「こういうわけで～だ」

● 基本例文

① **C'est pourquoi je suis là.**
こういうわけで私は来ました。

② **C'est pourquoi je suis mécontent(e).**
こういうわけで私は不満です。

③ **C'est pourquoi je suis en retard.**
こういうわけで遅刻しました。

④ **C'est pourquoi je suis gêné(e).**
こういうわけで困っています。

⑤ **C'est pourquoi je suis inquiet (inquiète).**
こういうわけで心配です。

⑥ **C'est pourquoi je suis ravi(e).**
こういうわけでとても嬉しいのです。

⑦ **C'est pourquoi je vous fais confiance.**
こういうわけであなたを信頼しています。

⑧ **C'est pourquoi je te fais confiance.**
こういうわけで君を信頼しているんだ。

⑨ **C'est pourquoi je suis prudent(e).**
こういうわけで用心しています。

⑩ **C'est pourquoi j'aime le Japon.**
こういうわけで日本が好きです。

●― 基本例文の用法

① C'est pourquoi je suis là.

C'est pourquoi は直訳すれば「これは〜の理由です」ですから、「こういうわけで〜だ」と言い換えられます。

je suis là は「私はここにいます」です。合わせて「こういうわけで私は来ました」となります。

② C'est pourquoi je suis mécontent(e).

mécontent(e) は形容詞で、「不満足な」の意味です。主語が女性なら最後に e が付き、最後の te を発音することになります。

④ C'est pourquoi je suis gêné(e).

gêné(e) は gêner「不快にする」の過去分詞です。女性が主語なら単語の最後に e が付いて gênée となります。発音は変わりません。je suis gêné(e). で「私は困っている」です。

⑤ C'est pourquoi je suis inquiet (inquiète).

主語が男性なら je suis inquiet. 主語が女性なら je suis inquiète. です。発音は後者の場合、最後の te を発音します。

⑥ C'est pourquoi je suis ravi(e).

ravi は ravir「うっとりさせる」の過去分詞です。je suis ravi(e). で「大喜び」の意味で、やはり主語が女性なら ravie の形になります（発音は変わりません）。

⑦ C'est pourquoi je vous fais confiance.

je vous fais confiance. で「あなたを信頼する」です。

⑨ C'est pourquoi je suis prudent(e).

prudent(e) は形容詞で「慎重な」「用心深い」です。

第7章

「すぐ伝えたい表現」を中心に

パターン 78

～, s'il vous plaît.

「～をください」「～をお願いします」

Un café, s'il vous plaît.

コーヒーを一つください。

英 *One coffee, please.*

s'il vous plaît = please「どうぞ」

● 基本例文

078

① **Une pression, s'il vous plaît.**
生ビール一つください。

② **Un thé, s'il vous plaît.**
紅茶一つください。

③ **Une tisane, s'il vous plaît.**
ハーブティーを一つください。

④ **Un kilo de tomates, s'il vous plaît.**
トマトを1キロください。

⑤ **Une livre de bœuf, s'il vous plaît.**
牛肉500グラムください

⑥ **Une tranche de thon, s'il vous plaît.**
マグロを一切れください。

⑦ **La carte, s'il vous plaît.**
メニューを持ってきてください。

⑧ **Le musée du Louvre, s'il vous plaît.**
ルーブル美術館はどう行きますか？

⑨ **Une station de métro, s'il vous plaît.**
地下鉄の駅はどこですか？

⑩ **Un peu de silence, s'il vous plaît.**
少し静かにしていただけますか？

●― 基本例文の用法

① Une pression, s'il vous plaît.

s'il vous plaît は英語の *please* に当たります。（パターン 22）p.78 にも出ています。

Une pression は「生ビール」です。普通のビールなら une bière と言います。

⑤ Une livre de bœuf, s'il vous plaît.

Une livre（女性名詞）で「半キロ」すなわち 500 グラムです。un livre（男性名詞）といったら「本」になります。ご注意を。

⑦ La carte, s'il vous plaît.

La carte は形の大小問わず厚い感じのカード（トランプなど）のイメージです。したがってレストランのメニューもそうです。

ちなみにフランス語で le menu というと「コース料理」の意味になります。（パターン 32）p.109 発展例文 (2) にも出ています。

⑧ Le musée du Louvre, s'il vous plaît.

Le musée du Louvre「ルーブル美術館」など場所をもってくると道順を聞いていることになります。

⑩ Un peu de silence, s'il vous plaît.

Un peu de ～「少しの～」です。また silence「沈黙」などの抽象的な名詞を使うと、してほしいことなどを表すことができます。これも便利です。

Merci de + (名詞).

「～をありがとう」

Merci de ta visite.
来てくれてありがとう。

英 *Thank you for your visit.*

ta visite「君の訪問」

●—**基本例文**

079

① **Merci de ton aide.**
助けてくれてありがとう。

② **Merci de votre aide.**
助けていただきありがとうございます。

③ **Merci de ton cadeau**
プレゼントありがとう。

④ **Merci de votre cadeau.**
プレゼントありがとうございます。

⑤ **Merci de votre visite.**
来ていただきありがとうございます。

⑥ **Merci de ta collaboration.**
協力ありがとう。

⑦ **Merci de votre collaboration.**
ご協力ありがとうございます。

⑧ **Merci de tes attentions.**
心づかいありがとう。

⑨ **Merci de vos attentions.**
お心づかいありがとうございます。

⑩ **Merci de votre gentillesse.**
ご親切ありがとうございます。

●― 基本例文の用法

① Merci de ton aide.

aide「助け」は女性名詞ですが、母音で始まっているので ton「君の」の形になります。通例なら女性名詞の前は ta「君の」です。

③ Merci de ton cadeau.

Merci pour ton cadeau. とも言えます。つまり de の代わりに pour でも大丈夫です。

⑧ Merci de tes attentions.

attentions は複数形で「心づかい」の意味です。したがってその前にある所有格は tes「君の」(複数形に付く所有格で男性名詞・女性名詞を問いません)となります。

⑨ Merci de vos attentions.

vos も複数名詞に付く所有格です(男性名詞・女性名詞を問いません)。

⑩ Merci de votre gentillesse.

gentillesse は「優しさ」という意味(女性名詞)です。votre「あなた(たち)の」は後ろの名詞が男性名詞でも女性名詞でも同じく votre です。

(1) **Merci d'être venu.**
来てもらってありがとう。

(2) **Merci d'être venue.**
来てもらってありがとう。

[解説]

(1) Merci d'être venu.

　être venu で「来た」という意味です。être ＋（venir の過去分詞 venu）で過去形となります。話している時の相手（来てくれた人）が男性の場合はこのように venu となります。de ＋ être → d'être です。

(2) Merci d'être venue.

　話している時の相手（来てくれた人）が女性の場合はこのように venue（語尾に e を付ける。発音は変わりません）となります。

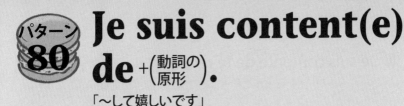

パターン 80
Je suis content(e) de + (動詞の原形).

「〜して嬉しいです」

Je suis content(e) de vous voir.
あなたに会えて嬉しいです。

英 *I am glad to see you.*

je suis「私は〜だ」 content(e)「嬉しい」 vous voir「あなたに会う」

●— 基本例文

① **Je suis content de vous revoir.**
またお会いできて嬉しいです。（話者は男性）

② **Je suis content d'être ici.**
ここに来られて嬉しいです。（話者は男性）

③ **Je suis content de visiter la France.**
フランスに来られて嬉しいです。（話者は男性）

④ **Je suis content d'apprendre ça.**
それを知って嬉しいです。（話者は男性）

⑤ **Je suis content de vous recevoir.**
来ていただいて嬉しいです。（話者は男性）

⑥ **Je suis contente de vous revoir.**
またお会いできて嬉しいわ。（話者は女性）

⑦ **Je suis contente d'être ici.**
ここに来られて嬉しいわ。（話者は女性）

⑧ **Je suis contente de visiter le Japon.**
日本に来られて嬉しいわ。（話者は女性）

⑨ **Je suis contente d'apprendre ça.**
それを知って嬉しいわ。（話者は女性）

⑩ Je suis contente de te recevoir.

来てくれて嬉しいわ。(話者は女性)

●─ 基本例文の用法

① Je suis content de vous revoir.

content は形容詞で「嬉しい」の意味の男性形です。フランス語は形容詞が変化するのも特徴です。主語が男性なら男性形です。主語が女性なら女性形です。基本的には男性形に e を付けて女性形になります。⑥はその例です。

② Je suis content d'être ici.

être ici は「ここにいる」の意味ですから「ここに来て」とも訳せます。

④ Je suis content d'apprendre ça.

apprendre は「知る」「学ぶ」の意味です。

⑤ Je suis content de vous recevoir.

recevoir は「受け取る」「客を迎え入れる」の意味です。英語に直訳すれば *receive* です。

⑥ Je suis contente de vous revoir.

Je suis contente は話し手が女性です。content に e を付けて発音は最後の te を発音することになります。

Je suis désolé(e), mais + (文) 「すみませんが〜です」

81

Je suis désolé(e) de

+ (名詞) 「〜してすみません」

> **Je suis désolé(e), mais je suis occupé(e).**
> すみませんがふさがっています。
>
> 英 *I am sorry, but I am busy.*
>
> désolé(e)「残念だ」　occupé(e)「忙しい」

●—基本例文

081

① Je suis désolé, mais je ne peux pas venir.
すみませんが来られません。（話者は男性）

② Je suis désolé, mais je ne suis pas libre.
すみませんが時間がありません。（話者は男性）

③ Je suis désolé, mais je ne peux pas accepter.
すみませんがお受けできません。（話者は男性）

④ Je suis désolé, mais je ne peux pas assister à la conférence.
すみませんが会議に出席できません。（話者は男性）

⑤ Je suis désolé, mais je ne suis pas d'accord.
すみませんが賛成できません。（話者は男性）

⑥ Je suis désolée de mon absence.
欠席してごめんね。（話者は女性）

⑦ Je suis désolée de ma négligence.
不注意でごめんね。（話者は女性）

⑧ Je suis désolée de mon inattention.
気が付かなくてごめんね。（話者は女性）

⑨ Je suis désolée de ce long silence.
ご無沙汰してしまってごめんね。(話者は女性)

⑩ Je suis désolée de mon impolitesse.
失礼なことしてしまってごめんね。(話者は女性)

●— 基本例文の用法

① Je suis désolé, mais je ne peux pas venir.

Je suis désolé, mais ～「残念ですが」で英語の *I am sorry, but* ～に当たります。

je ne peux pas の peux は(パターン62)で見たように原形が pouvoir「～できる」を活用したものです。

② Je suis désolé, mais je ne suis pas libre.

libre は形容詞で「自由な」「暇な」の意味です。

⑥ Je suis désolée de mon absence.

désolée となっているので主語が女性だということになります。

absence は「不在」という意味の女性名詞ですが母音で始まっているので「私の」は ma ではなく mon となります。

⑦ Je suis désolée de ma négligence.

négligence は「投げやり」「無頓着」(女性名詞)の意味です。

⑩ Je suis désolée de mon impolitesse.

impolitesse は「不作法」「ぶしつけ」(女性名詞)の意味です。

●— 発展例文と用法

081

(1) Je suis désolé d'être en retard.
遅れてすみません。

[解説]

Je suis désolé de のあとに動詞の原形 être が来ている例です。

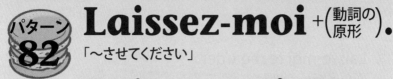

パターン 82

Laissez-moi + (動詞の原形).

「～させてください」

Laisse-moi + (動詞の原形).

「～させてよ」

Laissez-moi passer.

通してください。

英 *Let me through.*

Laissez; laisser「させておく」の命令形。passer「通る」

●― 基本例文

① Laissez-moi expliquer.
説明させてください。

② Laissez-moi descendre.
降ろしてください。

③ Laissez-moi dire.
言わせてください。

④ Laissez-moi faire ça.
それをやらせてください。

⑤ Laissez-moi partir.
引き止めないでください。

⑥ Laisse-moi raconter.
言わせてよ。

⑦ Laisse-moi pleurer.
泣かせて。

⑧ Laisse-moi me plaindre.
愚痴を言わせてよ。

⑨ **Laisse-moi te regarder.**

あなたを見つめていたいの。

⑩ **Laisse-moi.**

ほっといて。

●─ 基本例文の用法

① **Laissez-moi expliquer.**

Laissez-moi は「させておいてください」で英語の *Let me* 〜に相当します。laissez の原形は laisser です（er 型規則動詞）。

英語の *Let* と同様に後ろに動詞の原形を置きます。

⑤ **Laissez-moi partir.**

partir は「出発する」「立ち去る」ですから「立ち去るままにしておいてください」から「引き止めないでください」となります。

⑥ **Laisse-moi raconter.**

raconter は「語る」の意味です。parler なら「話す」の感じです。

⑧ **Laisse-moi me plaindre.**

me plaindre で「不平を言う」です。代名動詞です。

⑨ **Laisse-moi te regarder.**

te regarder で「君を見つめる」です。te は直接目的語です。

Laissez-moi + (動詞の原形).　Laisse-moi + (名詞).

「〜させてください」　　　　　　　　　「〜させてよ」

パターン 82

● 発展例文と用法

082

(1) Je vous laisse.
ではおいとまします。

(2) Je te laisse.
では失礼するよ。

[解説]

　ここでは laisser は「離れる」や「別れる」の意味に使われています。便利な表現です。直訳すると「私はあなたから離れていきます」が上記の意味で使われています。主語が Je なので laisse の形になっています。会話の最後に使いましょう。どうやって会話を終えたらスマートかと考えるときの参考になれば幸いです。

245

パターン 83

Permettez-moi de + (動詞の原形).

「〜させてください」

Permettez-moi de vous présenter mon ami.
友人を紹介させてください。

英 *Let me introduce my friend to you.*

Permettez; permettre「許可する」の命令形。présenter「紹介する」 mon ami「私の友人」

●— 基本例文

083

① **Permettez-moi de me présenter.**
　自己紹介させてください。

② **Permettez-moi de vous présenter Monsieur Cadot.**
　カド氏を紹介させてください。

③ **Permettez-moi de fermer la fenêtre.**
　窓を閉めさせてください。

④ **Permettez-moi d'ouvrir la fenêtre.**
　窓を開けさせてください。

⑤ **Permettez-moi de faire ça.**
　それをさせてください。

⑥ **Permettez-moi de déplacer cette chaise.**
　この椅子を移動させてください。

⑦ **Permettez-moi d'utiliser ça.**
　これを使わせてください。

⑧ **Permettez-moi de m'expliquer.**
　説明させてください。

⑨ **Permettez-moi encore un mot.**
　もうひとこと言わせてください。

⑩ Permettez-moi de m'excuser.
弁解させてください。

●─ 基本例文の用法

① Permettez-moi de me présenter.

Permettez は原形が permettre で「許す」「許可する」の意味です。

Permettez-moi は命令文で「（あなたに対して）私を許してください」となります。「（君に対して）私を許してよ」という命令文なら Permets-moi となります。

me présenter は「私自身を紹介する」で「自己紹介する」です。

② Permettez-moi de vous présenter Monsieur Cadot.

de vous présenter Monsieur Cadot は「あなたにカド氏を紹介する」です。vous は間接目的語です。

⑦ Permettez-moi d'utiliser ça.

utiliser は「（手段などを）用いる」です。例えば空いてる椅子を使いたい時などに言います。

⑧ Permettez-moi de m'expliquer.

m'expliquer は「（自分の考えなどを）説明する」です。

⑨ Permettez-moi encore un mot.

Permettez-moi のあとに名詞だけを持ってきた例です。encore un mot で「さらにひとこと」です。

●─ 発展例文と用法

083

(1) Vous permettez?
いいですか？

［解説］

タバコを吸うときや相手の了解を求めたいときに使います。例えばカフェで空いている椅子を使いたい時とか。だからこれも便利です。

パターン 84

Ce n'est pas la peine de +(動詞の 原形).

「～する必要はありません」

Ce n'est pas la peine de dire ça.

それは言う必要はありません。

英 *You don't have to say that.*

Ce n'est pas la peine de ～「～するにはおよばない」　la peine「苦労」　dire「言う」

● **基本例文**

① Ce n'est pas la peine d'acheter ça.
それを買う必要はありません。

② Ce n'est pas la peine de l'appeler.
彼（女）に電話をする必要はありません。

③ Ce n'est pas la peine de chercher ça.
それを取りに行く必要はありません。

④ Ce n'est pas la peine de me le dire.
私にそれを言う必要はありません。

⑤ Ce n'est pas la peine de venir.
来る必要はありません。

⑥ Ce n'est pas la peine de venir me chercher.
私を迎えに来る必要はありません。

⑦ Ce n'est pas la peine de le voir.
彼に会う必要はありません。

⑧ Ce n'est pas la peine de la voir.
彼女に会う必要はありません。

⑨ Ce n'est pas la peine de m'aider.
私を助けてくれる必要はありません。

⑩ Ce n'est pas la peine de payer.

おごってくれる必要はありません。

●— 基本例文の用法

③ Ce n'est pas la peine de chercher ça.

chercher は「〜を探す」のほかに「〜を取りに行く」という意味があります。例えば空港で「カートを取りに行く」は chercher un chariot と言います。
peine は「手間」や「苦労」の意味です。

④ Ce n'est pas la peine de me le dire.

me le dire で「私にそれを言う」の意味です。この場合の le は中性代名詞で「それ」の意味で英語の *it* です。

⑥ Ce n'est pas la peine de venir me chercher.

venir me chercher で「私を迎えに来る」です。「彼女を迎えに行く」なら aller la chercher となります。

⑦ Ce n'est pas la peine de le voir.

le voir で「彼に会う」です。彼女に会う」は⑧のように la voir です。

⑩ Ce n'est pas la peine de payer.

payer で「おごる」「ごちそうする」の意味です。

●— 発展例文と用法

084

(1) Pas la peine d'insister.

しつこく言わなくていいよ。

［解説］

insister は「力説する」「くどくどいう」の意味です。会話では Ce n'est を略して上記のように Pas la peine と言います。

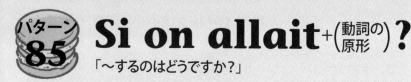

Si on allait +(動詞の原形)?

「〜するのはどうですか?」

Si on allait dîner?

ディナーに行きませんか?

英 *If we could go out for dinner?*

Si「もし」 on「(一般の)人」「私たち」 allait；aller「行く」の半過去形。dîner「夕食をする」

● 基本例文

085

① **Si on allait déjeuner?**
ランチに行くのはどうですか?

② **Si on allait sortir ensemble?**
一緒に出かけるのはどうですか?

③ **Si on allait manger quelque chose?**
何か食べに行くのはどうですか?

④ **Si on allait boire un pot?**
一杯飲みに行くのはどうですか?

⑤ **Si on allait jouer au tennis?**
テニスをしに行くのはどうですか?

⑥ **Si on allait jouer au foot?**
サッカーをしに行くのはどうですか?

⑦ **Si on allait regarder la télé?**
テレビを見てみるのはどうですか?

⑧ **Si on allait écouter de la musique?**
音楽を聞いてみるのはどうですか?

⑨ **Si on allait au café en face?**
向かいのカフェに行くのはどうですか?

⑩ **Si on allait au cinéma?**
映画に行くのはどうですか?

●─ 基本例文の用法

① **Si on allait déjeuner?**

　allait は aller「行く」の半過去形と言われるものですが、このまま覚えればいいと思います。Si は英語の *If*「もし」ですから、英語での仮定法みたいなものと思えばいいかもしれません。「もし〜するならどう？」のニュアンスですね。

② **Si on allait sortir ensemble?**

　sortir は「外出する」の意味です。

④ **Si on allait boire un pot?**

　un pot はもともとは「壺」の意味ですが、会話では「お酒を一杯」の感じで使います。

⑤ **Si on allait jouer au tennis?**

　allait jouer au tennis で「テニスをしに行く」です。aller ＋（動詞の原形）は「〜するつもりだ」と「〜しに行く」の二通りを考えればいいでしょう。ここでは後者です。

⑦ **Si on allait regarder la télé?**

　allait regarder はここでは「これから見る」といった意味になります。

⑨ **Si on allait au café en face?**

　en face は「正面に」「面と向かって」の意味の熟語です。café en face で「向かいのカフェ」です。

パターン 86

J'espère que + (文).

「〜と願っています」

J'espère que nous allons ensemble.

ご一緒できればと願っています。

英 *I hope we will go together.*

espère ; espérer「期待する」の現在形。que は接続詞で英語の *that* です。
allons ; aller「行く」の現在形。ensemble「一緒に」

●— 基本例文

086

① **J'espère que vous allez bien.**
お元気のことと願っています。

② **J'espère que tu vas bien.**
元気でやっていることと願っています。

③ **J'espère que tout va bien.**
すべて順調に運んでいることと願っています。

④ **J'espère que tout va bien avec votre famille.**
ご家族もお元気のことと願っています。

⑤ **J'espère que tout est parfait.**
すべて申し分ないと願っています。

⑥ **J'espère que tout est prêt.**
用意はすべて整っていることと願っています。

⑦ **J'espère que vous êtes content.**
喜んでいただけたらと願っています。

⑧ **J'espère que tu es content.**
喜んでもらえたらと願っています。

⑨ **J'espère qu'on va dîner.**
夕食にいけたらと願っています。

⑩ **J'espère qu'on va se revoir.**
またお会いできたらと願っています。

●─ 基本例文の用法

① J'espère que vous allez bien.

espère は原形が espérer「期待する」です。後ろに que ＋（主語）＋（動詞）で「～であろうと期待する」となります。espérer「期待する」の活用は次のとおりです。

j'espère	tu espères	il espère	elle espère
nous espérons	vous espérez	ils espèrent	elles espèrent

(è と é に注意してください。意味は p.262 参照)

④ J'espère que tout va bien avec votre famille.

tout va bien avec votre famille は「あなたの家族にとってすべてがうまく行っている」の意味です。

⑥ J'espère que tout est prêt.

prêt は形容詞で「準備のできた」（英語の *ready*）の意味です。

⑦ J'espère que vous êtes content.

vous êtes content は「あなたが満足している」の意味です。content は形容詞で、女性が主語なら contente となります。

⑩ J'espère qu'on va se revoir.

se revoir で「お互いにまた会う」（直訳）です。前に va があるので近い未来を表しています。

●─ 発展例文と用法

086

(1) J'espère!

頼むよ。

［解説］

espère の後ろに目的語がないと、相手に対して念を押す表現になります。

例えば Je viens demain.「明日来るよ」に対して念を押して J'espère!（「当然そうしてね」のニュアンス）と言います。

本書に登場した動詞の活用（直説法現在形）

être「〜です」(パターン8)　(be 動詞)

je suis	「私は〜です」	
tu es	「君は〜です」	
il est	「彼は〜です」	*001*
elle est	「彼女は〜です」	
nous sommes	「私たちは〜です」	
vous êtes	「あなた（たち）は〜です」	
ils sont	「彼たちは〜です」	
elles sont	「彼女たちは〜です」	

avoir「持つ」(パターン10)　(have 動詞)

j'ai	「私は持つ」	
tu as	「君は持つ」	
il a	「彼は持つ」	*002*
elle a	「彼女は持つ」	
nous avons	「私たちは持つ」	
vous avez	「あなた（たち）は持つ」	
ils ont	「彼たちは持つ」	
elles ont	「彼女たちは持つ」	

aimer「愛する」(パターン19)　(like, love)

j'aime	「私は愛する」	
tu aimes	「君は愛する」	
il aime	「彼は愛する」	*003*
elle aime	「彼女は愛する」	
nous aimons	「私たちは愛する」	
vous aimez	「あなた（たち）は愛する」	
ils aiment	「彼たちは愛する」	
elles aiment	「彼女たちは愛する」	

donner「与える」(パターン22)　(give)

je donne	「私は与える」	
tu donnes	「君は与える」	
il donne	「彼は与える」	*004*
elle donne	「彼女は与える」	
nous donnons	「私たちは与える」	
vous donnez	「あなた(たち)は与える」	
ils donnent	「彼たちは与える」	
elles donnent	「彼女たちは与える」	

aller「行く」(パターン25)　(go)

je vais	「私は行く」	
tu vas	「君は行く」	
il va	「彼は行く」	*005*
elle va	「彼女は行く」	
nous allons	「私たちは行く」	
vous allez	「あなた(たち)は行く」	
ils vont	「彼たちは行く」	
elles vont	「彼女らは行く」	

venir「来る」(パターン27)　(come)

je viens	「私は来る」	
tu viens	「君は来る」	
il vient	「彼は来る」	*006*
elle vient	「彼女は来る」	
nous venons	「私たちは来る」	
vous venez	「あなた(たち)は来る」	
ils viennent	「彼たちは来る」	
elles viennent	「彼女たちは来る」	

choisir「選ぶ」(パターン29) （choose）

je choisis	「私は選ぶ」
tu choisis	「君は選ぶ」
il choisit	「彼は選ぶ」
elle choisit	「彼女は選ぶ」
nous choisissons	「私たちは選ぶ」
vous choisissez	「あなた（たち）は選ぶ」
ils choisissent	「彼たちは選ぶ」
elles choisissent	「彼女たちは選ぶ」

007

finir「終える」(パターン30) （finish）

je finis	「私は終える」
tu finis	「君は終える」
il finit	「彼は終える」
elle finit	「彼女は終える」
nous finissons	「私たちは終える」
vous finissez	「あなた（たち）は終える」
ils finissent	「彼たちは終える」
elles finissent	「彼女たちは終える」

008

prendre「取る」(パターン32) （take）

je prends	「私は取る」
tu prends	「君は取る」
il prend	「彼は取る」
elle prend	「彼女は取る」
nous prenons	「私たちは取る」
vous prenez	「あなた（たち）は取る」
ils prennent	「彼たちは取る」
elles prennent	「彼女たちは取る」

009

mettre「置く」(パターン 33) (put)

je mets	「私は置く」	
tu mets	「君は置く」	
il met	「彼は置く」	
elle met	「彼女は置く」	*010*
nous mettons	「私たちは置く」	
vous mettez	「あなた(たち)は置く」	
ils mettent	「彼たちは置く」	
elles mettent	「彼女たちは置く」	

habiter「住む」(パターン 34) (live)

j'habite	「私は住む」	
tu habites	「君は住む」	
il habite	「彼は住む」	
elle habite	「彼女は住む」	*011*
nous habitons	「私たちは住む」	
vous habitez	「あなた(たち)は住む」	
ils habitent	「彼たちは住む」	
elles habitent	「彼女たちは住む」	

se lever「起きる」(パターン 35) (get up)

je me lève	「私は起きる」	
tu te lèves	「君は起きる」	
il se lève	「彼は起きる」	
elle se lève	「彼女は起きる」	*012*
nous nous levons	「私たちは起きる」	
vous vous levez	「あなた(たち)は起きる」	
ils se lèvent	「彼たちは起きる」	
elles se lèvent	「彼女たちは起きる」	

sentir「感じる」(パターン40) (feel)

je sens	「私は感じる」
tu sens	「君は感じる」
il sent	「彼は感じる」
elle sent	「彼女は感じる」
nous sentons	「私たちは感じる」
vous sentez	「あなた(たち)は感じる」
ils sentent	「彼たちは感じる」
elles sentent	「彼女たちは感じる」

013

sortir「外出する」(パターン51) (go out)

je sors	「私は外出する」
tu sors	「君は外出する」
il sort	「彼は外出する」
elle sort	「彼女は外出する」
nous sortons	「私たちは外出する」
vous sortez	「あなた(たち)は外出する」
ils sortent	「彼たちは外出する」
elles sortent	「彼女たちは外出する」

014

mentir「ウソをつく」(パターン51) (lie)

je mens	「私は嘘をつく」
tu mens	「君は嘘をつく」
il ment	「彼は嘘をつく」
elle ment	「彼女は嘘をつく」
nous mentons	「私たちは嘘をつく」
vous mentez	「あなた(たち)は嘘をつく」
ils mentent	「彼たちは嘘をつく」
elles mentent	「彼女たちは嘘をつく」

015

vouloir「欲する」(パターン59) (want)

je veux	「私は欲する」	
tu veux	「君は欲する」	
il veut	「彼は欲する」	016
elle veut	「彼女は欲する」	
nous voulons	「私たちは欲する」	
vous voulez	「あなた(たち)は欲する」	
ils veulent	「彼たちは欲する」	
elles veulent	「彼女たちは欲する」	

pouvoir「できる」(パターン62) (can)

je peux	「私はできる」	
tu peux	「君はできる」	
il peut	「彼はできる」	017
elle peut	「彼女はできる」	
nous pouvons	「私たちはできる」	
vous pouvez	「あなた(たち)はできる」	
ils peuvent	「彼たちはできる」	
elles peuvent	「彼女たちはできる」	

boire「飲む」(パターン67) (drink)

je bois	「私は飲む」	
tu bois	「君は飲む」	
il boit	「彼は飲む」	018
elle boit	「彼女は飲む」	
nous buvons	「私たちは飲む」	
vous buvez	「あなた(たち)は飲む」	
ils boivent	「彼たちは飲む」	
elles boivent	「彼女たちは飲む」	

attendre「待つ」(パターン69)（wait）

j'attends	「私は待つ」	
tu attends	「君は待つ」	
il attend	「彼は待つ」	*019*
elle attend	「彼女は待つ」	
nous attendons	「私たちは待つ」	
vous attendez	「あなた（たち）は待つ」	
ils attendent	「彼たちは待つ」	
elles attendent	「彼女たちは待つ」	

partir「出発する」(パターン71)（leave）

je pars	「私は出発する」	
tu pars	「君は出発する」	
il part	「彼は出発する」	*020*
elle part	「彼女は出発する」	
nous partons	「私たちは出発する」	
vous partez	「あなた（たち）は出発する」	
ils partent	「彼たちは出発する」	
elles partent	「彼女たちは出発する」	

arriver「到着する」(パターン74)（arrive）

j'arrive	「私は着く」	
tu arrives	「君は着く」	
il arrive	「彼は着く」	*021*
elle arrive	「彼女は着く」	
nous arrivons	「私たちは着く」	
vous arrivez	「あなた（たち）は着く」	
ils arrivent	「彼たちは着く」	
elles arrivent	「彼女たちは着く」	

dire「言う」(パターン76)　(say)

je dis	「私は言う」	
tu dis	「君は言う」	
il dit	「彼は言う」	
elle dit	「彼女は言う」	*022*
nous disons	「私たちは言う」	
vous dites	「あなた(たち)は言う」	
ils disent	「彼たちは言う」	
elles disent	「彼女たちは言う」	

espérer「期待する」(パターン86)　(expect)

j'espère	「私は期待する」	
tu espères	「君は期待する」	
il espère	「彼は期待する」	
elle espère	「彼女は期待する」	*023*
nous espérons	「私たちは期待する」	
vous espérez	「あなた(たち)は期待する」	
ils espèrent	「彼たちは期待する」	
elles espèrent	「彼女たちは期待する」	

著者紹介

吉田 泉（よしだ・いずみ）

▶東京大学文学部仏文科卒業。
パリ第3大学（ヌーヴェル・ソルボンヌ）大学院留学・文学修士取得。
東京大学大学院仏語仏文学専門課程博士課程満期修了。
立正大学、女子美術大学、麻布大学、立教大学、日本女子大学講師をへて平成9年より高岡法科大学法学部助教授、後に同大学教授（フランス語、日本文学担当）。
昭和60年より10年間、NHKテレビ（「世界名画劇場」）において、フランス、アメリカ、イギリス、ドイツ、ロシア映画の字幕翻訳を担当。主なものとして『太陽がいっぱい』『死刑台のエレベーター』『恐怖の報酬』『北ホテル』『巴里の空の下セーヌは流れる』『かくも長き不在』『チャプリンの独裁者』『チャプリンの殺人狂時代』『明日に向かって撃て』『レベッカ』『愛と喝采の日々』などおよそ40本。
著者に『ミュッセにおける青春の死』（麻布大学仏文研究会）、『フランス文化・文学の現地』（TC出版プロジェクト）などがある。ミュッセに関する学術論文多数。ほか新聞連載のコラムを数多く担当。

● ── カバーデザイン　　竹内 雄二
● ── DTP・本文図版　　WAVE 清水 康広
● ── 本文イラスト　　　Martin Faunot
● ── 音声　　　　　　　収録時間　仏00分／仏日00分／動詞の活用00分
　　　　　　　　　　　　ナレーション　Nathalie Lo Bue ／西田 雅一

[音声DL付] フランス語 話すための基本パターン 86

| 2020 年 8 月 25 日 | 初版発行 |
| 2024 年 11 月 20 日 | 第 3 刷発行 |

著者	吉田 泉
発行者	内田 真介
発行・発売	ベレ出版
	〒162-0832　東京都新宿区岩戸町12 レベッカビル TEL.03-5225-4790 FAX.03-5225-4795 ホームページ　https://www.beret.co.jp/
印刷	モリモト印刷株式会社
製本	根本製本株式会社

ISBN 978-4-86064-628-8 C2085　　　　　　　　　　　編集担当　綿引ゆか

[音声 DL 付] フランス語会話
話しかけ & 返事のバリエーションを増やす

吉田泉 著

四六並製／本体価格 2400 円（税別） ■ 448 頁
ISBN978-4-86064-578-6 C2085

「おはよう」「やあ」「元気?」とあいさつ1つにもさまざまな表現があり、それに返す表現もさまざまです。日常的なあらゆる場面での会話は話しかけて返す、の繰り返しなので、話しかけと返しの表現をセットで覚えるのはとても効率的で、表現の幅もぐっと広がります。レストランで「ボナペティ（召し上がれ）」と言われたときなんて返す?人にぶつかってしまったときになんと言えばいい?クシャミをした人にひとこと言うなら?などとっさには出てきにくいけど覚えておきたいフランス的表現も紹介します。

[音声 DL 付] **本気で学ぶ**
中・上級フランス語

吉田泉 著

A5 並製／定価 3190 円（税込） ■ 448 頁
ISBN978-4-86064-697-4 C2085

中級、上級の文法項目を網羅し、解説はできるだけ丁寧に、なるべく簡潔に、なるべく平易に、を目指して書かれており、レベルの高い内容であってもフランス語学習者が楽しく学べる一冊になっています。項目の最初に例文を挙げ、その文法がどういうものかがわかってから、豊富な例文と一緒に内容を掘り下げていきます。次に、それらをきちんと理解したかを確認できるように、多くの練習問題も収録。

[音声 DL 付]
名作短編で学ぶフランス語

尾河直哉 著

A5 並製／本体価格 2500 円（税別） ■ 440 頁
ISBN978-4-86064-548-9 C2085

小説はもちろん、民族風物語、自由散文詩、エッセー、批評をひとくくりに「文学」として紹介。モーパッサン、エミール・ゾラ、モンテスキュー、ルソー、バルザックなどの名だたる作家の文学作品を、完全対訳と脚注、文法解説付きで全 11 話を収録。フランス語に触れたことのない方から上級者まで、フランス語を味わいながらフランス文学を堪能でき、そして学ぶことができる一冊。朗読音声も聞けます。